RECUEIL D'EXERCICES

SUR LE

CALCUL INFINITÉSIMAL.

PARIS. — IMPRIMERIE DE MALLET-BACHELIER,
rue du Jardinet, 12.

RECUEIL D'EXERCICES

SUR LE

CALCUL INFINITÉSIMAL,

PAR. M. F. FRENET,

Ancien élève de l'École Normale, Professeur à la Faculté des Sciences
de Lyon.

OUVRAGE DESTINÉ AUX ÉLÈVES DE L'ÉCOLE POLYTECHNIQUE,
A CEUX DE L'ÉCOLE NORMALE,
ET AUX AUDITEURS DES COURS DE MATHÉMATIQUES
DANS LES FACULTÉS DES SCIENCES.

PARIS,

MALLET-BACHELIER, IMPRIMEUR-LIBRAIRE

DE L'ÉCOLE IMPÉRIALE POLYTECHNIQUE, DU BUREAU DES LONGITUDES,
Quai des Augustins, 55.

1856

(L'Auteur et l'Éditeur de cet ouvrage se réservent le droit de traduction.)

Cet ouvrage a pour but de familiariser avec l'emploi des méthodes du Calcul infinitésimal les personnes qui étudient cette branche des mathématiques, et de leur faire nettement saisir, par des applications variées, le sens et la portée des théories générales. Il se compose de trois parties. Dans les deux premières, dont l'une est consacrée au Calcul différentiel et l'autre au Calcul intégral, le titre des paragraphes apprend à quel ordre d'idées se rapporte la solution de chaque problème. Cette indication est omise dans les questions diverses formant la dernière partie; on a laissé au lecteur, préparé déjà par ce qui précède, le soin d'y suppléer.

Au milieu des ressources multipliées qu'offraient à l'auteur les œuvres des maîtres, les collections savantes et les journaux scientifiques, la destination particulière du livre a déterminé le choix des matières et les limites qu'on s'est imposées. Les applications qu'il renferme en assez grand nombre, sous un volume restreint, se rattachent, en général, aux théories du programme de la Licence ès Sciences mathématiques.

Des travaux analogues répandus en Allemagne et en Angleterre ont fourni d'utiles secours. On a surtout largement puisé dans l'excellent ouvrage de M. D.-F. Gregory (1) publié en 1841, et dont une deuxième édition a paru en 1846.

---

(1) *Examples of the processes of the differential and integral calculus.* Cambridge, Deighton.

TABLE DES MATIÈRES.

PREMIÈRE PARTIE.

CALCUL DIFFÉRENTIEL.

QUESTIONS.

CALCUL DIFFÉRENTIEL.

SOLUTIONS.

Pages.

DEUXIÈME PARTIE.

CALCUL INTÉGRAL.

QUESTIONS

CALCUL INTÉGRAL.

SOLUTIONS.

TROISIÈME PARTIE.

Pl. I, II.

RECUEIL D'EXERCICES

SUR LE

CALCUL INFINITÉSIMAL.

PREMIÈRE PARTIE.

CALCUL DIFFÉRENTIEL.
QUESTIONS.

§ 1. — *Différentiation des fonctions d'une seule variable.*

1. $y = (9a^2 - 6abx + 5b^2x^2)(a + bx)^{\frac{2}{3}}$.

2. $y = (5b^3x^3 + 30ab^2x^2 + 40a^2b^2x + 16a^3)(a + bx)^{-\frac{3}{2}}$.

3. $y = \dfrac{(x-2)^9}{[(x-1)^5(x-3)^{11}]^{\frac{1}{2}}}$.

4. $y = \dfrac{[(x+1)(x+3)^9]^{\frac{1}{2}}}{(x+2)^4}$.

5. $y = \log(\log x) = \log_2 x$.

6. $y = \log_n x$.

7. $y = \dfrac{x^3 - \dfrac{96}{25}x + \dfrac{288}{125}}{(4 - 5x)^2} + \dfrac{12}{125}\log(4 - 5x)$.

8. $y = \dfrac{\dfrac{1}{x} + \dfrac{125}{12} + \dfrac{65}{3}x + \dfrac{35}{2}x^2 + 5x^3}{(1 + x)^4} + 5\log\dfrac{x}{1 + x}$.

9. $\quad y = e^{\arc \sin x}.$

10. $\quad y = \dfrac{1}{(a^2 - b^2)^{\frac{1}{2}}} \arc \cos \dfrac{b + a \cos x}{a + b \cos x}.$

11. $\quad y = \dfrac{1}{5} \sin^2 x \cos^3 x - \dfrac{13}{15} \cos^3 x - 3 \cos x - \dfrac{1}{2} \cot x \, \coséc x - \dfrac{7}{2} \log \left(\tang \dfrac{x}{2} \right)$

12. $\quad y = x^{\sin x}.$

13. $\quad y = \log \left[x + (x^2 - a^2)^{\frac{1}{2}} + \arc \séc \dfrac{x}{a} \right].$

14. $\quad y = \log \left[1 - \left(1 - e^{-\frac{a}{\sin x}} \right)^{\frac{1}{2}} \right].$

15. $\quad y = \dfrac{1}{2p} \left(\dfrac{1}{m} - \dfrac{1}{n} \right) \arc \tang \dfrac{2p \sin x}{m + n + (m - n) \cos x}$

$$+ \dfrac{1}{2q} \left(\dfrac{1}{m} + \dfrac{1}{n} \right) \arc \tang \dfrac{2qx}{m - n + (m + n) \cos x}.$$

On a d'ailleurs

$$m^2 = a + b + c, \quad n^2 = a - b + c,$$

$$p^2 = \dfrac{1}{4} (m - n)^2 - 2c, \quad q^2 = \dfrac{1}{4} (m + n)^2 - 2c.$$

16. $\quad y \sin nx = a e^{nx + y}.$

17. $\quad y = 1 + x e^y.$

18. $\quad \arc \sin \dfrac{x}{h} + \arc \sin \dfrac{y}{k} = c.$

§ II. — Différentiation des fonctions de plusieurs variables.

19. $\quad u = \arc \sin \left(\dfrac{x^2 - y^2}{x^2 + y^2} \right)^{\frac{1}{2}}.$

20. $\quad u = \log \left[\dfrac{x + (x^2 - y^2)^{\frac{1}{2}}}{x - (x^2 - y^2)^{\frac{1}{2}}} \right].$

21. $\quad u = \log \left(\tang \dfrac{x}{y} \right).$

22. $\quad u = \dfrac{ay - bz}{cz - ax}$.

23. $\quad u = \dfrac{e^x y}{(x^2 + y^2)^{\frac{1}{2}}}$.

24. $\quad u = z^{y^z}$.

§ III. — Dérivées d'ordre quelconque.

25. $\quad y = (a - bx)^p$.

26. $\quad y = \cos ax$.

27. $\quad y = \cos^2 x$.

28. $\quad y = \cos^p x$, p entier positif.

29. $\quad y = \log x$.

30. $\quad y = \dfrac{1 + x}{1 - x}$.

31. $\quad y = e^{x \cos \theta} \cos (x \sin \theta)$.

32. $\quad y = e^{ax} \cos (bx + c)$.

33. $\quad y = x (a + bx)^{\frac{p}{2}}$.

34. $\quad y = x^p (1 - x)^p$.

35. $\quad y = x^p \log x$.

36. $\quad y = \dfrac{(a + x)^p}{(b + x)^q}$.

37. $\quad y = e^{ax} \cos bx . x^p$.

38. $\quad y = \dfrac{1}{a^2 - b^2 x^2}$.

39. $\quad y = \dfrac{x}{a^2 - b^2 x^2}$.

40. $\quad y = \dfrac{1}{a^2 + b^2 x^2}$.

41. $\quad y = \dfrac{x}{a^2 + b^2 x^2}$.

42. $\quad y = \log \dfrac{a + bx}{a - bx}$.

43. $y = \text{arc tang} \dfrac{x}{a}.$

44. $y = \dfrac{1}{x^m - a^m},$ m entier positif.

45. $y = \dfrac{x^p}{x^m - a^m},$ m et p entiers positifs, $p < m.$

46. $y = e^{cx^2}.$

47. Déduire du numéro précédent les dérivées d'ordre quelconque de $\cos(x^2)$ et de $\sin(x^2)$.

48. $y = \dfrac{1}{e^x + 1}.$

Nota. — La détermination des dérivées d'ordre quelconque conduit naturellement à la recherche des développements des fonctions au moyen de la série de Taylor ou de Maclaurin. Ce sera un exercice très-utile que de calculer ces développements pour les fonctions indiquées dans ce paragraphe et d'examiner, pour chaque série obtenue, les conditions sous lesquelles elle est convergente et a pour somme la fonction considérée.

§ IV. — *Changement de variables.*

49. $\dfrac{d^2 y}{dx^2} - x\left(\dfrac{dy}{dx}\right)^3 + e^y \left(\dfrac{dy}{dx}\right)^3 = 0.$

Que devient cette équation lorsque la variable indépendante est y?

50. $\dfrac{dy}{dx} + \dfrac{y}{(1 + x^2)^{\frac{1}{2}}} = 0.$

Prendre t pour variable indépendante, sachant qu'on a

$$t = \log\left[x + (1 + x^2)^{\frac{1}{2}} \right].$$

51. $x^2 \dfrac{d^2 y}{dx^2} + ax \dfrac{dy}{dx} + by = 0.$

Prendre t pour variable indépendante, sachant qu'on a

$$x = e^t.$$

52. $(1 - x^2)\dfrac{d^2 y}{dx^2} - x\dfrac{dy}{dx} + n^2 y = 0.$

Prendre t pour variable indépendante, sachant qu'on a

$$x = \cos t.$$

53. $(1 - x^2)\dfrac{d^2 y}{dx^2} - 2x(1 - x^2)\dfrac{dy}{dx} + \dfrac{2 ay}{1 - x} = 0.$

Prendre t pour variable indépendante, sachant qu'on a

$$x = \frac{e^{2t} - 1}{e^{2t} + 1}.$$

54. $(a + x)^3\dfrac{d^3 y}{dx^3} + 3(a + x)^2\dfrac{d^2 y}{dx^2} + (a + x)\dfrac{dy}{dx} + by = 0.$

Prendre t pour variable indépendante, sachant qu'on a

$$t = \log(a + x).$$

55. $\dfrac{d^2 y}{dx^2} + \dfrac{1}{x}\dfrac{dy}{dx} + y = 0.$

Prendre t pour variable indépendante, sachant qu'on a

$$x^2 = 4t.$$

(Fourier, *Traité de la Chaleur.*)

56. $\dfrac{x\dfrac{dy}{dx} - y}{\left(1 + \dfrac{dy^2}{dx^2}\right)^{\frac{1}{2}}}.$

Transformer cette expression en une autre ne renfermant que r et θ, sachant qu'on a

$$x = r\cos\theta, \quad y = r\sin\theta.$$

57. $x\dfrac{du}{dy} - y\dfrac{du}{dx}.$

Transformer cette expression en une autre dans laquelle les variables indépendantes soient r et θ, sachant qu'on a

$$x = r \cos \theta, \quad y = r \sin \theta.$$

58. $\dfrac{d^2 u}{dx^2} + \dfrac{d^2 u}{dy^2} = 0.$

Changer les variables indépendantes dans cette équation, sachant qu'on a

$$x^2 + y^2 = r^2.$$

59. $\dfrac{d^2 u}{dx^2} + \dfrac{d^2 u}{dy^2} + \dfrac{d^2 u}{dz^2} = 0.$

Changer les variables indépendantes, sachant qu'on a

$$x^2 + y^2 + z^2 = r^2.$$

60. $\dfrac{d^2 u}{dx^2} + \dfrac{d^2 u}{dy^2} = 0.$

Prendre pour variables indépendantes r et θ sachant qu'on a

$$x = r \cos \theta, \quad y = r \sin \theta.$$

61. $\dfrac{d^2 u}{dx^2} + \dfrac{d^2 u}{dy^2} + \dfrac{d^2 u}{dz^2} = 0.$

Prendre pour variables indépendantes r, θ et φ, sachant qu'on a

$$x = r \cos \theta, \quad y = r \sin \theta \sin \varphi, \quad z = r \sin \theta \cos \varphi.$$

§ V. — *Élimination des constantes et des fonctions.*

62. Éliminer m de l'équation

$$(a + mb)(x^2 - m y^2) = mc^2.$$

63. Éliminer a, b, c et d de l'équation

$$ax + by + cz + d = 0, \quad y \text{ étant fonction de } x.$$

64. Éliminer φ et ψ de l'équation

$$z = x^n \, \varphi \left(\frac{y}{x} \right) + y^n \, \psi \left(\frac{y}{z} \right).$$

65. Éliminer φ de l'équation

$$u = x^n \, \varphi \left(\frac{x}{y}, \frac{y}{z}, \frac{z}{x} \right).$$

66. Éliminer φ et ψ de l'équation

$$z = x \, \varphi(z) + y \, \psi(z).$$

67. Éliminer φ et ψ de l'équation

$$z = \varphi(ay + bx) \, \psi(ay - bx).$$

68. Étant donnée la fonction $u = F(z, r)$ dans laquelle $r = \varphi(ax + cz) = \psi(ax - by)$, en déduire une équation indépendante des fonctions arbitraires φ et ψ.

§ VI. — *Vraie valeur des fonctions qui se présentent sous des formes indéterminées.*

69. $\dfrac{a^n - x^n}{\log(a^n) - \log(x^n)}$, pour $x = a$.

70. $\dfrac{x - (n+1)x^{n+1} + nx^{n+2}}{(1 - x)^2}$, pour $x = 1$.

71. $\dfrac{x + x^2 - (n+1)^2 x^{n+1} + (2n^2 + 2n - 1)x^{n+2} - n^2 x^{n+3}}{(1 - x)^3}$,

pour $x = 1$.

72. $\dfrac{(2a^3 - x^3)^{\frac{1}{3}} - (5a^2 - 4x^2)^{\frac{1}{2}}}{x(8a^2 x^2 - 8ax^3)^{\frac{1}{4}} - (20 a^8 x^4 + 12 a^4 x^8)^{\frac{1}{6}}}$, pour $x = a$.

73. $\dfrac{x - (32 a^2 x - 24 ax^2)^3 + (40 a^3 x^3 + 24 a^2 x^4)^6 - (2x^3 - a^3)^{\frac{1}{3}}}{3a(9x - 10a) + (36 a^3 x + 45 x^4)^{\frac{1}{4}} (2x^3 - a^3)^{\frac{1}{3}}}$,

pour $x = a$.

74. $\dfrac{\pi x - 1}{2\,x^2} + \dfrac{\pi}{x\,(e^{2\pi x} - 1)}$, pour $x = 0$.

75. $\dfrac{\pi}{4x} - \dfrac{\pi}{2\,x\,(e^{\pi x} + 1)}$, pour $x = 0$.

76. $\dfrac{\tang \pi x - \pi x}{2\,x^2 \tang \pi x}$, pour $x = 0$.

77. $\dfrac{\log(\tang p x)}{\log(\tang x)}$, pour $x = 0$.

78. $x^n \log x$, pour $x = 0$.

79. x^{x^n}, pour $x = 0$.

80. $\dfrac{x\,e^{2x} + x\,e^x - 2\,e^{2x} + 2\,e^x}{(e^x - 1)^3}$, pour $x = 0$.

81. $\dfrac{2\sin^2 x + \sin x - 1}{2\sin^2 x - 3\sin x + 1}$, pour $x = \dfrac{\pi}{6}$.

82. $\dfrac{\sin(a+b)\sin(a+x) - \sin b \sin x}{\sin(a+b+x)}$,

pour $x = \pi - a - b$.

83. $(\cos ax)^{(\cosec bx)^2}$, pour $x = 0$.

84. $\dfrac{\tang(a+x) - \tang(a-x)}{\arc\tang(a+x) - \arc\tang(a-x)}$, pour $x = 0$.

85. $\dfrac{a^x \sin ax - b^x \sin bx}{g^x \sin gx - h^x \sin hx}$, pour $x = 0$.

86. $\left(\dfrac{1}{x}\right)^{\tang x}$, pour $x = 0$.

87. $\left(2 - \dfrac{x}{a}\right)^{\tang \frac{\pi x}{a}}$, pour $x = a$.

88. $y^4 - 96\,a^2 y^2 + 100\,a^2 x^2 - x^4 = 0$.

Vraie valeur de $\dfrac{dy}{dx}$ pour $x = 0$.

89. $(y^2 + x^2)^2 - 6\,axy^2 = ax^2\,(2x - a)$.

Vraie valeur de $\dfrac{dy}{dx}$ pour $x = 0$.

§ VII. — *Maxima et minima.*

90. $y = x^4 - 8x^3 + 22x^2 - 24x + 12.$

91. $y = \dfrac{x}{1 + x^2}.$

92. $y = \dfrac{x^2 - x + 1}{x^2 + x - 1}.$

93. $y = \dfrac{(x + 3)^3}{(x + 2)^2}.$

94. $y = \dfrac{x}{(a^2 + x^2)^{\frac{3}{2}}}.$

95. $y = \dfrac{\log x}{x^n}.$

96. $y = \left(1 + x^{\frac{2}{3}}\right)(7 - x)^2.$

97. Trouver, sur une droite donnée, un point tel que la somme de ses distances à deux points donnés soit un minimum.

98. Quel est le rayon du cercle dans lequel, à un arc de longueur donnée, correspond le segment maximum?

99. (*Fig.* 2.) Étant données les parallèles AC, BD et la ligne AB, mener, par le point donné C, la ligne CXY, telle que la somme des triangles BXY et AXC soit un minimum. (VIVIANI.)

100. (*Fig.* 3.) PMO est un triangle sphérique rectangle en M; déterminer la position du point P par la condition que PO — MO soit un maximum.

101. Sur la ligne des centres de deux sphères trouver un point tel que la somme des zones vues de ce point soit la plus grande possible.

102. Étant donné un prisme hexagonal régulier, on joint de deux en deux les sommets de l'une de ses bases, puis on mène par les droites ainsi obtenues des plans également inclinés sur la base et formant une pyramide. On demande quelle doit être l'inclinaison de ces plans pour que le volume total résultant ait la plus petite surface? On ne fait pas entrer dans le volume les portions du prisme en dehors de l'angle solide au sommet de la pyramide.

103. Étant donné un cône droit, on demande de le couper, parallèlement à la génératrice, par un plan tel que le segment parabolique résultant soit le plus grand possible.

104. Déterminer l'ellipse la plus grande qu'on puisse obtenir, en coupant par un plan un cône droit donné.

105. $y^2 + 2yx^2 + 4x - 3 = 0$,   max. et min. de y.

106. $y^3 + x^3 - 3axy = 0$,   max. et min. de y.

107. $y^4 + x^4 - 4xy + 2 = 0$,   max. et min. de y.

108. $y^2 - 2mxy + x^2 - a^2 = 0$,   max. et min. de y.

109. $u = x^4 + y^4 - 2x^2 + 4xy - 2y^2$.

110. $u = x^3 y^2 (a - x - y)$.

111. $u = \dfrac{xyz}{(a+x)(x+y)(x+z)(z+b)}$.

112. $u = rx^2 + 2sxy + ty^2$,

x et y étant liées par l'équation

$$1 = (1 + p^2) x^2 + 2pq xy + (1 + q^2) y^2.$$

113. $u = a \cos^2 x + b \cos^2 y$,

x et y étant liées par la relation

$$y - x = \frac{\pi}{4}.$$

114. $u = (x + 1)(y + 1)(z + 1)$,

avec la condition

$$a^x b^y c^z = A.$$

115. Inscrire dans un ellipsoïde donné le parallélipipède maximum.

116. Trouver le triangle de périmètre minimum inscrit dans un triangle donné.

117. La surface qui a pour équation

$$(x^2 + y^2 + z^2)^2 = a^2 x^2 + b^2 y^2 + c^2 z^2,$$

étant coupée par un plan donné qui passe par son centre, on demande les distances maximum et minimum de ce centre au périmètre de la section.

118. Surface de la section faite dans un ellipsoïde par un plan qui passe au centre.

119. Volume de l'ellipsoïde qui a pour équation

$$ax^2 + a'y^2 + a''z^2 + 2byz + 2b'xz + 2b''xy = C.$$

120. Circonscrire à un triangle donné la plus petite ellipse possible. (EULER.)

121. Inscrire dans un triangle donné la plus grande ellipse possible.

122. De toutes les pyramides triangulaires qui ont même base et même hauteur, quelle est celle qui a la plus petite surface?

123. Trouver un point tel que la somme de ses distances à trois points donnés soit la plus petite possible.

§ VIII. — *Tangentes aux courbes planes.*

124. Sous-tangente de la courbe qui a pour équation

$$x = c^{\frac{x-y}{y}}.$$

125. (*Fig. 9.*) Soient AB, AC, EF trois tangentes à la parabole BDC; si par les points E, F, où EF rencontre les deux autres, on mène des parallèles à ces lignes, ces parallèles se rencontrent sur la droite de contact BC.

126. La courbe qui a pour équation

$$x^{\frac{2}{3}} + y^{\frac{2}{3}} = a^{\frac{2}{3}}$$

est constamment touchée par une droite de longueur invariable qui glisse en s'appuyant sur les axes coordonnés.

127. Trouver l'équation de la cycloïde et déterminer sa tangente. Généralisation du problème de la cycloïde.

128. Du point A, pris dans le plan d'une courbe donnée, on mène la droite AM à un point de cette courbe et la perpendiculaire AH à la tangente en ce point; la tangente en H, à la courbe qu'on obtient en projetant le point A sur toutes les tangentes telles que MH, est distante du point A de la quantité $\dfrac{\overline{AH}^2}{\overline{AM}}$.

129. Parmi tous les polygones d'un même nombre de côtés, circonscrits à une même figure fermée convexe, trouver celui qui est le plus petit.

130. Dans la spirale logarithmique, qui a pour équation

$$r = ce^{\frac{\theta}{a}},$$

le lieu des extrémités de la sous-tangente est une spirale semblable.

131. Dans la courbe

$$r^n = a^n \sin n\theta,$$

l'angle de deux tangentes menées aux extrémités d'une corde passant par le pôle est constant.

§ IX. — *Points d'inflexion des courbes.*

132. $xy^2 = 2a(2ax - x^2)^{\frac{1}{2}}$.   (MARIA AGNESI.)

133. $ax^3 + by^3 - c^4 = 0$.

134. $x^4 - a^2 x^2 + a^3 y = 0$.

135. $y = b + (x - a)^{\frac{m}{n}}$.

136. $\quad r^2 = \dfrac{a^2}{\theta}.$

137. Trochoïde. (*Voir* n° 127.)

§ X. — *Points singuliers autres que les points d'inflexion.*

138. $\quad x^4 - ax^2 y + by^3 = 0.$

139. $\quad x^4 - 2ax^2 y - 2x^2 y^2 + ay^3 + y^4 = 0.$

140. $\quad x^4 - 2ay^3 - 3a^2 y^2 - 2a^2 x^2 + a^4 = 0.$

141. $\quad x^4 + x^2 y^2 - 6ax^2 y + a^2 y^2 = 0.$

142. $\quad (by - cx)^2 = (x - a)^5.$

143. $\quad x^4 - ax^2 y - axy^2 + a^2 y^2 = 0.$

144. $\quad y^4 - axy^2 + x^4 = 0.$

145. $\quad a^3 y^2 - 2abx^2 y - x^5 = 0.$

146. $\quad y^5 + ax^4 - b^2 xy^2 = 0.$

147. $\quad y^3 (2x - a) + a^2 x^2 - x^4 = 0.$

148. $\quad r = a(\tang \theta - 1).$

149. $\quad r^2 = a^2 \dfrac{\sin 3\theta}{\cos \theta}.$

§ XI. — *Rayons de courbure des courbes planes.*

150. $\quad 3ay^2 = 2x^3.$ (Parabole semi-cubique.)

151. Cycloïde. (*Voir* n° 127.)]

152. $\quad y = \dfrac{c}{2}\left(e^{\frac{x}{c}} + e^{-\frac{x}{c}}\right).$ (Chaînette.)

153. $\quad x^{\frac{2}{3}} + y^{\frac{2}{3}} = a^{\frac{2}{3}}.$ (*Voir* n° 127.)

154. $\quad y + (a^2 - y^2)^{\frac{1}{2}} \dfrac{dy}{dx} = 0.$ (Tractrice.)

155. $\quad r^2 = a^2 \cos 2\theta.$ (Lemniscate de Bernoulli.)

156. $\quad r = a(2\cos\theta \pm 1).$ (Trisectrice.)

157. Épicycloïde. (*Voir* n° 127.)

§ XII. — *Développées des courbes planes.*

158. Hyperbole équilatère.

159. Ellipse.

160. Parabole semi-cubique. (*Voir* n° **150.**)

161. $x^{\frac{2}{3}} + y^{\frac{2}{3}} = a^{\frac{2}{3}}$. (*Voir* n° **127.**)

162. Cycloïde. (*Voir* n° **127.**)

163. Tractrice. (*Voir* n° **154.**)

164. Chaînette. (*Voir* n° **151.**)

165. $y = ae^{\frac{x}{a}}$. (Logarithmique.)

166. Spirale logarithmique. (*Voir* n° **130.**)

167. Épicycloïde. (*Voir* n° **127.**)

§ XIII. — *Géométrie à trois dimensions.*

168. Lieu des projections du centre de l'ellipsoïde sur ses plans tangents.

169. Mener un plan tangent à la surface dont l'équation est

$$(a^2 - z^2)\,x^2 - b^2 y^2 = 0,$$

et trouver l'intersection de ce plan avec la surface.

170. Plan tangent à l'hélicoïde gauche

$$x \cos \frac{2\pi z}{h} - y \sin \frac{2\pi z}{h} = 0,$$

et distance de l'origine à ce plan.

171. Le plan tangent à l'hélicoïde développable

$$x \sin\left[\frac{2\pi z}{h} - \frac{(x^2 + y^2 - a^2)^{\frac{1}{2}}}{a}\right] + y \cos\left[\frac{2\pi z}{h} - \frac{(x^2 + y^2 - a^2)^{\frac{1}{2}}}{a}\right] = a,$$

fait un angle constant avec le plan xy.

172. Équation du plan tangent à la surface

$$a^2 x^2 + b^2 y^2 + c^2 z^2 = (x^2 + y^2 + z^2)^2,$$

et distance du centre à ce plan.

173. Trouver sur une sphère le lieu des points tels que la somme de leurs distances à deux points fixes, pris sur la sphère, soit une quantité constante. Tangente et plan normal en un point du lieu. (Ellipse sphérique.)

174. Plan osculateur de la courbe d'intersection de deux cylindres droits dont les axes se coupent rectangulairement.

175. Un grand cercle d'une sphère se meut d'un mouvement uniforme autour d'un de ses diamètres supposé fixe, pendant qu'un point parcourt sa circonférence avec le même mouvement uniforme; on demande: 1° la ligne décrite par le point; 2° le rayon de courbure de cette ligne; 3° son plan osculateur.

176. Plan osculateur de l'ellipse sphérique (n° **173**).

177. Rayons de courbure principaux de l'ellipsoïde.

178. Rayons de courbure principaux du paraboloïde

$$\frac{y^2}{a} + \frac{z^2}{b} = x.$$

179. Rayons de courbure principaux de la surface

$$xyz = m^3.$$

180. Rayons de courbure principaux de l'hélicoïde gauche (n° **170**).

§ XIV. — *Enveloppes des lignes et des surfaces.*

181. Enveloppe des ellipses concentriques dont les axes ont les mêmes directions, et pour lesquelles la somme de ces axes est constante.

182. Enveloppe d'une droite de longueur constante qui se meut en s'appuyant sur deux droites rectangulaires (n° **126**).

183. Enveloppe des paraboles déterminées par l'équation

$$y = ax - (1 + a^2)\frac{x^2}{4c},$$

a étant un paramètre variable.

184. Enveloppe des cercles donnés par l'équation

$$(x - a)^2 + y^2 = b^2,$$

avec la condition $b^2 = 4\,ma$.

185. Enveloppe de la droite qui joint, dans une ellipse donnée, les extrémités de deux diamètres conjugués, en supposant qu'on fasse varier le système de ces diamètres.

186. Enveloppe des cordes de contact qu'on obtient en menant, des points d'une section conique, des tangentes à une autre section conique située dans le même plan.

187. Un plan variable coupe un parallélipipède de manière à en détacher un tétraèdre dont le volume est constant ; surface enveloppe de ce plan.

188. Enveloppe d'une sphère donnée dont le centre se meut sur une circonférence aussi donnée.

189. Surface enveloppe d'un plan variable qui détache d'un cône droit un cône oblique à volume constant.

190. On coupe un ellipsoïde par un plan déterminé ; enveloppe des plans tangents menés à la surface par les points de l'intersection.

191. Surface enveloppe du plan

$$lx + my + nz = p,$$

les paramètres variables l, m, n, p étant liés par les équations

$$l^2 + m^2 + n^2 = 1, \quad \frac{l^2}{p^2 - a^2} + \frac{m^2}{p^2 - b^2} + \frac{n^2}{p^2 - c^2} = 0.$$

CALCUL DIFFÉRENTIEL.
SOLUTIONS.

§ I. — *Différentiation des fonctions d'une seule variable.*

1. $\dfrac{dy}{dx} = \dfrac{40}{3} b^3 x^2 (a + bx)^{-\frac{1}{3}}.$

2. $\dfrac{dy}{dx} = \dfrac{5}{2} b^4 x^3 (a + bx)^{-\frac{1}{2}}.$

3. En prenant les logarithmes des deux membres et différentiant ensuite, on trouve

$$\frac{dy}{dx} = \frac{(x-2)^5}{(x-1)^{\frac{7}{2}} (x-3)^{\frac{13}{2}}} (x^2 - 7x + 1).$$

Il est souvent commode d'opérer comme dans cet exemple, lorsque la fonction est un produit de facteurs élevés à des puissances.

4. $\dfrac{dy}{dx} = \dfrac{x^2}{(x+2)^5} \left[\dfrac{(x+3)^7}{x+1} \right]^{\frac{1}{2}}.$

5. $\dfrac{dy}{dx} = \dfrac{1}{x \log x}.$

6. Soit
$$y = \log_3 x = \log (\log_2 x),$$
d'où
$$\frac{dy}{dx} = \frac{1}{x \log x \log_2 x},$$
et généralement
$$\frac{d(\log_n x)}{dx} = \frac{1}{x \log x \log_2 x \ldots \log_{n-1} x}.$$

7. $\dfrac{dy}{dx} = \dfrac{5 x^3}{(5x-4)^3}.$

8. $\dfrac{dy}{dx} = - \dfrac{1}{x^2 (1+x)^5}.$

9. $\quad \dfrac{dy}{dx} = \dfrac{1}{\left(1 - x^2\right)^{\frac{1}{2}}} \, e^{\operatorname{arc\,sin} x}.$

10. $\quad \dfrac{dy}{dx} = \dfrac{1}{a + b \cos x}.$

11. $\quad \dfrac{dy}{dx} = \dfrac{\cos^8 x}{\sin^3 x}.$

12. $\quad \dfrac{dy}{dx} = x^{\sin x} \left(\cos x \log x + \dfrac{\sin x}{x} \right).$

13. $\quad \dfrac{dy}{dx} = \dfrac{1}{x} \left(\dfrac{x + a}{x - a} \right)^{\frac{1}{2}}.$

14. $\quad \dfrac{dy}{dx} = \dfrac{a \cos x e^{-\frac{a}{\sin x}}}{2 \sin^2 x \left(1 - e^{-\frac{a}{\sin x}} \right)^{\frac{1}{2}} \left[1 - \left(1 - e^{-\frac{a}{\sin x}} \right)^{\frac{1}{2}} \right]}.$

15. $\quad \dfrac{dy}{dx} = \dfrac{1}{a + b \cos x + c \cos 2x}.$

16. $\quad \dfrac{dy}{dx} = \dfrac{ny}{1 - y} \left(1 - \operatorname{cotang} nx \right).$

17. $\quad \dfrac{dy}{dx} = \dfrac{e^y}{2 - y}.$

18. $\quad \dfrac{dy}{dx} = - \left(\dfrac{k^2 - y^2}{h^2 - x^2} \right)^{\frac{1}{2}}.$

§ II. — Différentiation des fonctions de plusieurs variables.

19. $\quad du = \dfrac{2^{\frac{1}{2}} x}{(x^2 + y^2)(x^2 - y^2)^{\frac{1}{2}}} (y\,dx - x\,dy).$

20. $\quad du = \dfrac{2(x\,dy - y\,dx)}{y(x^2 - y^2)^{\frac{1}{2}}}.$

21. $\quad du = \dfrac{2(y\,dx - x\,dy)}{y^2 \sin^2 \dfrac{x}{y}}.$

22. $du = a \dfrac{(ay - bz)\,dx + (cz - ax)\,dy + (bx - cy)\,dz}{(cz - ax)^2}.$

23. $du = \dfrac{ye^z\,dz}{(x^2 + y^2)^{\frac{1}{2}}} + \dfrac{xe^z(x\,dy - y\,dx)}{(x^2 + y^2)^{\frac{3}{2}}}.$

24. $du = y^z e^{y^z}\left(\log y \log z\,dx + \dfrac{x}{y}\log z\,dy + \dfrac{dz}{z}\right).$

§ III. — *Dérivées d'ordre quelconque.*

25. $\dfrac{d^n y}{dx^n} = (-b)^n\, p\,(p-1)(p-2)\ldots(p-n+1)(a-bx)^{p-n}.$

26. $\dfrac{dy}{dx} = -a\sin ax = a\cos\left(ax + \dfrac{\pi}{2}\right),$

$\dfrac{d^2 y}{dx^2} = -a^2\sin\left(ax + \dfrac{\pi}{2}\right) = a^2\cos\left(ax + 2\,\dfrac{\pi}{2}\right);$

et généralement

$$\dfrac{d^n y}{dx^n} = a^n\cos\left(ax + n\,\dfrac{\pi}{2}\right).$$

On trouverait de même

$$\dfrac{d^n.\sin ax}{dx^n} = a^n\sin\left(ax + n\,\dfrac{\pi}{2}\right).$$

27. $\cos^2 x = \dfrac{1 + \cos 2x}{2};$

d'où

$$\dfrac{d^n y}{dx^n} = \dfrac{1}{2}\,\dfrac{d^n.\cos 2x}{dx^n} = 2^{n-1}\cos\left(2x + n\,\dfrac{\pi}{2}\right).$$

On déduit de là

$$\dfrac{d^n.\sin^2 x}{dx^n} = -2^{n-1}\cos\left(2x + \dfrac{n\pi}{2}\right) = 2^{n-1}\sin\left(2x + \dfrac{n-1}{2}\,\pi\right).$$

28. D'après une formule connue, on a

$$2^p\cos^p x = \sum_0^p \dfrac{p(p-1)\ldots(p-h+1)}{1.2.3\ldots h}\cos\left[(p - 2h)x\right].$$

La caractéristique $\sum_0^p$ indique la somme des résultats qu'on obtient en remplaçant successivement, dans l'expression qui accompagne ce signe, la lettre h d'abord par zéro, puis par tous les nombres entiers depuis 1 jusqu'à p inclusivement.

Le facteur $\dfrac{p\,(p-1)\ldots(p-h+1)}{1\,.\,2\,.\,3\ldots h}$ est d'ailleurs supposé se réduire à 1 pour $h = 0$.

La formule précédente nous donne, en ayant égard au n° **26**,

$$\frac{d^n y}{dx^n} = \frac{1}{2^p} \sum_{0}^{p} \frac{p\,(p-1)\ldots(p-h+1)}{1\,.\,2\,.\,3\ldots h\,.} (p-2h)^n \cos\left[(p-2h)x + \frac{n\pi}{2}\right].$$

Si la fonction proposée était $\sin^p x$, on trouverait deux formules analogues à celles que nous venons d'obtenir, l'une répondant au cas de n pair, l'autre au cas de n impair.

29. $\dfrac{d^n y}{dx^n} = (-1)^{n-1} n\,(n-1)\,(n-2)\ldots 3\,.\,2\,.\,1\ x^{-n}.$

30. $\dfrac{dy}{dx} = \dfrac{2}{(1-x)^2},$

et, par suite,

$$\frac{d^n y}{dx^n} = 2\,\frac{d^{n-1}\,.\,(1-x)^{-2}}{dx^{n-1}} = 2\,\frac{n\,(n-1)\ldots 3\,.\,2\,.\,1}{(1-x)^{n+1}}.$$

31. $\dfrac{dy}{dx} = e^{x\cos\theta}\left[\cos\,(x\sin\theta)\cos\theta - \sin\,(x\cos\theta)\sin\theta\right]$

$\qquad\qquad = e^{x\cos\theta}\cos\,(x\sin\theta + \theta);$

et en continuant

$$\frac{d^n y}{dx^n} = e^{x\cos\theta}\cos\,(x\sin\theta + n\theta).$$

32. On a identiquement

$$e^{ax}\left[\cos\,(bx+c) + i\sin\,(bx+c)\right] = e^{ax+i(bx+c)}.$$

Appelons u le premier membre de cette égalité, il vient

$$\frac{d^n u}{dx^n} = (a+bi)^n\,e^{ax+i(bx+c)}.$$

, Posons

$$\frac{a}{(a^2 + b^2)^{\frac{1}{2}}} = \cos\alpha, \qquad \frac{b}{(a^2 + b^2)^{\frac{1}{2}}} = \sin\alpha;$$

la dernière égalité peut s'écrire

$$\frac{d^n u}{dx^n} = (a^2 + b^2)^{\frac{n}{2}} [\cos(n\alpha + i\sin n\alpha)][\cos(bx + c) + i\sin(bx + c)] e^{ax}.$$

Si l'on remplace maintenant u par sa valeur et qu'on iden-
tifie les parties réelles dans les deux membres, ainsi que
les parties imaginaires, on trouvera

$$\frac{d^n[e^{ax}\cos(bx + c)]}{dx^n} = (a^2 + b^2)^{\frac{n}{2}} e^{ax} \cos(bx + c + n\alpha),$$

$$\frac{d^n[e^{ax}\sin(bx + c)]}{dx^n} = (a^2 + b^2)^{\frac{n}{2}} e^{ax} \sin(bx + c + n\alpha).$$

33. Si l'on désigne par u et v deux fonctions de x, on a,
d'après un théorème dû à Leibnitz;

$$\frac{d^n uv}{dx^n} = v\frac{d^n u}{dx^n} + n\frac{dv}{dx}\frac{d^{n-1} u}{dx^{n-1}} + \frac{n(n-1)}{1.2}\frac{d^2 v}{dx^2}\frac{d^{n-2} u}{dx^{n-2}} + \text{etc.}$$

Appliquant ici cette formule, on trouve

$$\frac{d^n y}{dx^n} = x\frac{d^n(a + bx)^{\frac{p}{2}}}{dx^n} + n\frac{d^{n-1}(a + bx)^{\frac{p}{2}}}{dx^{n-1}};$$

et en vertu du n° 23

$$\frac{d^n y}{dx^n} = \left(\frac{b}{2}\right)^{n-1} p(p-2)\ldots(p-2n+4)[na + \left(\frac{p}{2}+1\right)bx](a+bx)^{\frac{p}{2}-n}.$$

34. En appliquant le théorème rappelé dans le numéro
précédent, on a

$$\frac{d^n y}{dx^n} = A\left[1 - \frac{n}{1}\cdot\frac{p}{p-n+1}\frac{x}{1-x}\right.$$

$$\left.+ \frac{n(n-1)}{1.2}\cdot\frac{p(p-1)}{(p-n+1)(p-n+2)}\frac{x^2}{(1-x)^2} - \ldots\right],$$

en posant

$$A = p(p-1)\ldots(p-n+1)(1-x)^p x^{p-n}.$$

Si $n = p$, l'expression devient

$$1.2.3\ldots(p-1)p\left[\begin{array}{l}(1-x)^p - \left(\dfrac{p}{1}\right)^2(1-x)^{p-1}x \\[2mm] + \left[\dfrac{p(p-1)}{1.2}\right]^2(1-x)^{p-2}x^2 - \ldots\end{array}\right].$$

35. Au moyen du théorème du n° 33, on a

$$\frac{d^n y}{dx^n} = A\left[\begin{array}{l}\log x + \dfrac{n}{1}\dfrac{1}{p-n+1} \\[2mm] -\dfrac{n(n-1)}{1.2}\dfrac{1}{(p-n+1)(p-n+2)} + \ldots\end{array}\right],$$

en posant

$$A = p(p-1)(p-2)\ldots(p-n+1)x^{p-n}.$$

Si $n = p$, l'expression devient

$$p(p-1)\ldots 3.2.1\left[\begin{array}{l}\log x + \dfrac{p}{1^2} - \dfrac{p(p-1)}{(1.2)^2} \\[2mm] + \dfrac{p(p-1)(p-2).1.2}{(1.2.3)^2} - \ldots\end{array}\right].$$

36. $y = (a+x)^p.(b+x)^{-q}$;

d'où (n° 33)

$$\frac{d^n y}{dx^n} = A\left[\begin{array}{l}1 - \dfrac{n}{1}\dfrac{q}{p-n+1}y \\[2mm] + \dfrac{n(n-1)}{1.2}\dfrac{q(q+1)}{(p-n+1)(p-n+2)}y^2 + \ldots\end{array}\right],$$

en posant

$$A = p(p-1\ldots(p-n+1)\frac{(a+x)^{p-n}}{(b+x)^q}.$$

37. $y = (e^{ax}\cos bx).x^p.$

En posant

$$\frac{b}{a} = \text{tang } \alpha,$$

et ayant égard aux n°s 32 et 33, on trouve

$$\frac{d^n y}{dx^n} = e^{ax}(a^2 + b^2)^{\frac{n}{2}} \left[x^p \cos(bx + n\alpha) \right.$$

$$+ npx^{p-1} \frac{\cos[bx + (n-1)\alpha]}{(a^2 + b^2)^{\frac{1}{2}}}$$

$$\left. + \frac{n(n-1)}{1.2} p(p-1) x^{p-2} \frac{\cos[bx + (n-2)\alpha]}{(a^2 + b^2)^{\frac{1}{2}}} + \dots \right].$$

38. $\quad y = \frac{1}{2a}\left(\frac{1}{a - bx} + \frac{1}{a + bx}\right),$

et, par suite,

$$\frac{d^n y}{dx^n} = (-1)^n \frac{1.2.3\dots nb^n}{2a}\left[\frac{1}{(a + bx)^{n+1}} - \frac{1}{(a + bx)^{n+1}}\right].$$

Si n est pair, on peut écrire

$$\frac{d^n y}{dx^n} = \frac{1.2.3\dots nb^n}{(a^2 - b^2 x^2)^{n+1}} \sum_0^{\frac{n}{2}} (n+1)_{2h} a^{n-2h} b^{2h} x^{2h},$$

en désignant en général par k_{2h} l'expression

$$\frac{k(k-1)\dots(k - 2h + 1)}{1.2\dots 2h},$$

et donnant d'ailleurs à la caractéristique $\sum_0^{\frac{n}{2}}$ le sens expliqué au n° 28.

Si n est impair, on a la formule

$$\frac{d^n y}{dx^n} = \frac{1.2.3\dots nb^{n+1}}{(a^2 - b^2 x^2)^{n+1}} \sum_0^{\frac{n-1}{2}} (n+1)_{2h-1} a^{n-2h-1} b^{2h} x^{2h+1}.$$

39. $\quad y = \frac{1}{2b}\left[\frac{1}{a - bx} - \frac{1}{a + bx}\right].$

En opérant comme au numéro précédent, on trouve, pour n pair,

$$\frac{d^n y}{dx^n} = \frac{1 \cdot 2 \ldots n b^n}{(a^2 - b^2 x^2)^{n+1}} \sum_0^{\frac{n}{2}} (n+1)_{2h+1}\, a^{n-2h}\, b^{2h}\, x^{2h+1}.$$

et pour n impair

$$\frac{d^n y}{dx^n} = \frac{1 \cdot 2 \cdot n b^{n-1}}{(a^2 - b^2 x^2)^{n+1}} \sum_0^{\frac{n+1}{2}} (n+1)_{2h}\, a^{n-2h+1}\, b^{2h}\, x^{2h}.$$

40. On obtiendra les formules demandées en remplaçant b par ib dans celles du n° **38**; mais on arrive à des résultats plus simples de la manière suivante :

$$\frac{1}{a^2 + b^2 x^2} = \frac{1}{2a} \left[\frac{1}{a - ibx} + \frac{1}{a + ibx} \right],$$

d'où

$$\frac{d^n y}{dx^n} = i^n \frac{1 \cdot 2 \ldots n b^n}{2a} \left[\frac{1}{(a - ibx)^{n+1}} + (-1)^n \frac{1}{(a + ibx)^{n+1}} \right].$$

En posant $a = r\cos\varphi$, $bx = r\sin\varphi$, le second membre devient

$$i^n \frac{1 \cdot 2 \cdot 3 \ldots n b^n}{2a\,(a^2 + b^2 x^2)^{\frac{n+1}{2}}} \left\{ \begin{array}{l} \cos(n+1)\varphi + i\sin(n+1)\varphi \\ + (-1)^n \cos(n+1)\varphi \\ - (-1)^n i\sin(n+1)\varphi \end{array} \right\}.$$

Il en résulte, pour n pair,

$$\frac{d^n y}{dx^n} = (-1)^{\frac{n}{2}} \frac{1 \cdot 2 \ldots n b^n}{a\,(a^2 + b^2 x^2)^{\frac{n+1}{2}}} \cos\left[(n+1)\ \text{arc tang}\ \frac{bx}{a} \right];$$

et pour n impair

$$\frac{d^n y}{dx^n} = (-1)^{\frac{n+1}{2}} \frac{1 \cdot 2 \ldots n b^n}{a\,(a^2 + b^2 x^2)^{\frac{n+1}{2}}} \sin\left[(n+1)\ \text{arc tang}\ \frac{bx}{a} \right].$$

On peut aussi obtenir une formule unique pour les deux

cas ; en posant en effet

$$\frac{1}{a^2 + b^2 x^2} = \frac{1}{2\,ai}\left(\frac{i}{bx - ai} - \frac{1}{bx + ai}\right),$$

et opérant à peu près comme tout à l'heure, on arrive au résultat suivant, quel que soit n :

$$\frac{d^n y}{dx^n} = (-1)^n \frac{1.2\ldots nb^n}{a\,(a^2 + b^2 x^2)^{\frac{n+1}{2}}} \sin\left[(n+1)\,\text{arc tang}\,\frac{a}{bx}\right].$$

$$(\text{Liouville.})$$

41. En remplaçant b par ib on rentre dans la question traitée n° 39 ; on obtient d'ailleurs des formules plus simples en opérant comme au n° 40.

42. $\quad \dfrac{dy}{dx} = \dfrac{2\,ab}{a^2 - b^2 x^2}.$

La question est ramenée à celle du n° 38.

43. $\quad \dfrac{dy}{dx} = \dfrac{a}{a^2 + x^2} ;$

par suite (n° 38),

$$\frac{d^n y}{dx^n} = (-1)^{n-1} 1.2\ldots(n-2)(n-1)\frac{\sin n\theta}{(a^2 + x^2)^{\frac{n}{2}}}.$$

44. Premier cas, m pair. La méthode de décomposition des fractions rationnelles nous donne ici :

$$\frac{1}{x^m - a^m} = \frac{1}{ma^{m-1}}\left(\frac{1}{x - a} - \frac{1}{x + a}\right)$$

$$+ \frac{1}{ma^{m-1}} \sum_1^{\frac{m-2}{2}} \frac{\cos\dfrac{2h\pi}{m} + i\sin\dfrac{2h\pi}{m}}{x - a\cos\dfrac{2h\pi}{m} - ia\sin\dfrac{2h\pi}{m}}$$

$$+ \frac{1}{ma^{m-1}} \sum_1^{\frac{m-2}{2}} \frac{\cos\dfrac{2h\pi}{m} - i\sin\dfrac{2h\pi}{m}}{x - a\cos\dfrac{2h\pi}{m} + ia\sin\dfrac{2h\pi}{m}}.$$

Posons

$$\cos(\varphi_h) = \frac{x - a \cos \dfrac{2h\pi}{m}}{\left(x^2 - 2ax \cos \dfrac{2h\pi}{m} + a^2 \right)^{\frac{1}{2}}},$$

$$\sin(\varphi_h) = \frac{a \sin \dfrac{2h\pi}{m}}{\left(x^2 - 2ax \cos \dfrac{2h\pi}{m} + a^2 \right)^{\frac{1}{2}}},$$

il vient

$$\frac{d^n y}{dx^n} = (-1)^n \frac{1.2\ldots n}{ma^{m-1}} \left[\frac{1}{(x-a)^{n+1}} - \frac{1}{(x+a)^{n+1}} \right]$$

$$+ (-1)^n \frac{1.2\ldots n}{\frac{1}{2} ma^{m-1}} \sum_{1}^{\frac{m-2}{2}} \frac{\cos \left[\dfrac{2h\pi}{m} + (n+1)\varphi_h \right]}{\left(x^2 - 2ax \cos \dfrac{2h\pi}{m} + a^2 \right)^{\frac{n+1}{2}}}.$$

Deuxième cas, m impair. On obtient encore, au moyen de la décomposition des fractions rationnelles en fractions plus simples,

$$\frac{1}{x^m - a^m} = \frac{1}{ma^{m-1}} \frac{1}{x-a}$$

$$+ \frac{1}{ma^{m-1}} \sum_{1}^{\frac{m-1}{2}} \frac{\cos \dfrac{2h\pi}{m} + i \sin \dfrac{2h\pi}{m}}{x - a \cos \dfrac{2h\pi}{m} - ia \sin \dfrac{2h\pi}{m}}$$

$$+ \frac{1}{ma^{m-1}} \sum_{1}^{\frac{m-1}{2}} \frac{\cos \dfrac{2h\pi}{m} - i \sin \dfrac{2h\pi}{m}}{x - a \cos \dfrac{2h\pi}{m} + ia \sin \dfrac{2h\pi}{m}}.$$

En faisant une hypothèse semblable à celle du premier cas,

il vient

$$\frac{d^n y}{dx^n} = (-1)^n \frac{1.2\ldots n}{m a^{m-1}} \cdot \frac{1}{(x-a)^{n+1}}$$

$$+ (-1)^n \frac{1.2\ldots n}{\frac{1}{2} m a^{m-1}} \sum_{1}^{\frac{m-1}{2}} \frac{\cos\left[\frac{2 h \pi}{m} + (n-1)\varphi_h\right]}{\left(x^2 - 2 a x \cos\frac{2 h \pi}{m} + a^2\right)^{\frac{n-1}{2}}}.$$

45. En opérant à peu près de la même manière que dans le numéro précédent, et adoptant les mêmes notations, on trouve pour m pair,

$$\frac{d^n y}{dx^n} = (-1)^n \frac{1.2\ldots n}{m a^{m-p-1}} \left[\frac{1}{(x-a)^{n+1}} - (-1)^p \frac{1}{(x+a)^{n+1}}\right]$$

$$+ (-1)^n \frac{1.2\ldots n}{\frac{1}{2} m a^{m-p-1}} \sum_{1}^{\frac{m-2}{2}} \frac{\cos\left[\frac{2 h (p+1)\pi}{m} + (n+1)\varphi_h\right]}{\left(x^2 - 2 a x \cos\frac{2 h \pi}{m} + a^2\right)^{\frac{n+1}{2}}};$$

et pour m impair,

$$\frac{d^n y}{dx^n} = (-1)^n \frac{1.2\ldots n}{m a^{m-p-1}} \cdot \frac{1}{(x-a)^{n+1}}$$

$$+ (-1)^n \frac{1.2\ldots n}{\frac{1}{2} m a^{m-p-1}} \sum_{1}^{\frac{m-1}{2}} \frac{\cos\left[\frac{2 h (p+1)\pi}{m} + (n+1)\varphi_h\right]}{\left(x^2 - 2 a x \cos\frac{2 h \pi}{m} + a^2\right)^{\frac{n+1}{2}}}.$$

46. $e^{c(x+h)^2} = y + h\frac{dy}{dx} + \frac{h^2}{1.2}\frac{d^2 y}{dx^2} + \ldots + \frac{h^n}{1.2\ldots n}\frac{d^n y}{dx^n} + \ldots$

$$= e^{cx^2} . e^{2cxh} . e^{ch^2}.$$

Or on a

$$e^{2cxh} = 1 + 2 cxh + \frac{(2 cx)^2}{1.2} h^2 + \ldots,$$

$$e^{ch^2} = 1 + ch^2 + \frac{c^2}{1.2} h^4 + \ldots$$

Multiplions ces deux dernières égalités membre à membre
et prenons le coefficient de h^n; il est égal à

$$\frac{1}{1.2\ldots n}\left[\begin{array}{l} c^n(2x)^n + n(n-1)c^{n-1}(2x)^2 \\ + \dfrac{n(n-1)(n-2)(n-3)}{1.2}c^{n-2}(2x)^{n-4}+\ldots \end{array}\right];$$

$\dfrac{d^n y}{dx^x}$ s'obtiendra donc en multipliant cette quantité par

$$1.2.3 \ldots n\, e^{cx^2}.$$

La méthode que nous venons d'employer peut s'appliquer dans plusieurs autres cas.

47. $\cos(x^2) + i\sin(x^2) = e^{ix^2}$;

par conséquent, en vertu du numéro précédent,

$$\frac{d^n.\cos(x^2)}{dx^n} + i\frac{d^n.\sin(x^2)}{dx^n}$$

$$= e^{ix^2}\left[\begin{array}{l} i^n(2x)^n + i^{n-1}.n(n-1)(2x)^{n-2} \\ + i^{(n-2)}.\dfrac{n(n-1)(n-2)(n-3)}{1.2}(2x)^{n-4}+\ldots \end{array}\right].$$

Remplaçons les puissances de i par des exponentielles,
au moyen de la relation $i^p = e^{ip\frac{\pi}{2}}$; le second membre de
l'équation précédente pourra s'écrire

$$(2x)^n e^{i\left(x^2+\frac{n\pi}{2}\right)} + n(n-1)(2x)^{n-2}e^{i\left(x^2+\frac{n-1}{2}\pi\right)}+\ldots.$$

On déduit sans peine de là

$$\frac{d^n.\cos(x^2)}{dx^n} = (2x)^n \cos\left(x^2 + n\frac{\pi}{2}\right)$$

$$+ n(n-1)(2x)^{n-2}\cos\left(x^2+\frac{n-1}{2}\pi\right)$$

$$+ \frac{n(n-1)(n-2)(n-3)}{1.2}(2x)^{n-4}\cos\left(x^2+\frac{n-2}{2}\pi\right)+\ldots.$$

Il suffit de remplacer les cosinus par des sinus pour obtenir $\dfrac{d^n \sin(x^2)}{dx^n}$.

48. Après avoir différentié deux ou trois fois, on s'aperçoit aisément que la dérivée $n^{ième}$ de y est de la forme

$$\frac{a_n e^{nx} + a_{n-1} e^{(n-1)x} + \ldots + a_1 e^x}{(e^x + 1)^{n+1}};$$

on a donc

$$(1) \qquad (e^x + 1)^{n+1} \frac{d^n y}{dx^n} = a_n e^{nx} + a_{n-1} e^{(n-1)x} + \ldots + a_1 e^x;$$

d'un autre côté,

$$y = e^{-x} - e^{-2x} + e^{-3x} - \ldots;$$

d'où

$$(2) \qquad \frac{d^n y}{dx^n} = (-1)^n \left(1^n e^{-x} - 2^n e^{-2x} + 3^n e^{-3x} - \ldots \right).$$

On a aussi

$$(3) \qquad (e^x + 1)^{n+1} = e^{(n+1)x} + \frac{n+1}{1} e^{nx} + \frac{(n+1)^n}{1 \cdot 2} e^{(n-1)x} + \ldots$$

Multipliant (2) et (3) membre à membre et observant qu'en vertu de (1) le produit ne doit renfermer qu'un nombre fini de termes à exposants positifs, que, par suite, les exposants négatifs se détruisent mutuellement, il vient

$$(e^x + 1)^{n+1} \frac{d^n y}{dx^n}$$

$$= (-1)^n \left\{ \begin{array}{l} 1^n e^{nx} - \left(2^n - \dfrac{n+1}{1} 1^n \right) e^{(n-1)x} \\[2ex] + \left[3^n - \dfrac{n+1}{1} 2^n + \dfrac{(n+1)n}{1 \cdot 2} 1^n \right] e^{(n-2)x} + \ldots \end{array} \right\}.$$

(LAPLACE.)

§ IV. — *Changement de variables.*

49. $\dfrac{d^2 x}{dy^2} + x - e^y = 0.$

50. $\dfrac{dy}{dx} = \dfrac{\left(\dfrac{dy}{dt}\right)}{\left(\dfrac{dx}{dt}\right)};$

or

$$e^t = x + (1 + x^2)^{\frac{1}{2}}, \quad \text{et} \quad \frac{dx}{dt} = (1 + x^2)^{\frac{1}{2}};$$

donc

$$\frac{dy}{dt} + y = a\,(1 + x^2)^{\frac{1}{2}} = \frac{a}{2}\left(e^t + e^{-t}\right).$$

51. $\dfrac{dy}{dx} = \dfrac{dy}{dt}\, e^{-t}, \quad \dfrac{d^2 y}{dx^2} = e^{-2t}\left(\dfrac{d^2 y}{dt^2} - \dfrac{dy}{dt}\right),$

$$\frac{d^2 y}{dt^2} + (a - 1)\,\frac{dy}{dt} + by = 0.$$

52. $\dfrac{d^2 y}{dt^2} + n^2 y = 0.$

53. On trouve, en recourant aux imaginaires,

$$x = \frac{e^{2t} - 1}{e^{2t} + 1} = i \tan \frac{t}{i},$$

$$\frac{dy}{dx} = \frac{dy}{dt} \cos^2 \frac{t}{i}, \quad \frac{d^2 y}{dx^2} = \cos^4 \frac{t}{i}\left(\frac{d^2 y}{dt^2} - \frac{2}{i} \tan \frac{t}{i}\, \frac{dy}{dt}\right),$$

$$\frac{d^2 y}{dt^2} + \frac{2\,ay}{1 - i \tan \dfrac{t}{i}} = \frac{d^2 y}{dt^2} + ay\left(e^{2t} + 1\right) = 0.$$

54. $\dfrac{dy}{dx} = \dfrac{dy}{dt}\, e^{-t}, \quad \dfrac{d^2 y}{dx^2} = \left(\dfrac{d^2 y}{dt^2} - \dfrac{dy}{dt}\right) e^{-2t},$

$$\frac{d^3 y}{dx^3} = \left(\frac{d^3 y}{dt^3} - 3\frac{d^2 y}{dt^2} + 2\frac{dy}{dt}\right) e^{-3t};$$

et, par conséquent,

$$\frac{d^3 y}{dt^3} + by = 0.$$

55. $\quad t\dfrac{d^2 y}{dx^2} + \dfrac{dy}{dt} + y = 0.$

56. $\quad dx = \cos\theta\, dr - r\sin\theta\, d\theta,$

$\qquad dy = \sin\theta\, dr + r\cos\theta\, d\theta;$

d'où

$$xdy - ydx = r^2\, d\theta,$$
$$dx^2 + dy^2 = dr^2 + r^2\, d\theta^2;$$

et, par suite,

$$\frac{x\dfrac{dy}{dx} - y}{\left(1 + \dfrac{dy^2}{dx^2}\right)^{\frac{1}{2}}} = \frac{r^2}{\left(r^2 + \dfrac{dr^2}{d\theta^2}\right)^{\frac{1}{2}}}.$$

57. $\quad 1 = \dfrac{dr}{dx}\cos\theta - r\sin\theta\,\dfrac{d\theta}{dx},$

$\qquad 0 = \dfrac{dr}{dx}\sin\theta + r\cos\theta\,\dfrac{d\theta}{dx};$

donc

$$\frac{du}{dx} = \frac{du}{dr}\cos\theta - \frac{du}{d\theta}\frac{\sin\theta}{r},$$
$$\frac{du}{dy} = \frac{du}{dr}\sin\theta + \frac{du}{d\theta}\frac{\cos\theta}{r}.$$

On déduit de là

$$x\frac{du}{dy} - y\frac{du}{dx} = \frac{du}{d\theta}.$$

Cette transformation s'emploie dans la théorie des planètes.

58. $\quad \dfrac{du}{dx} = \dfrac{du}{dr}\dfrac{x}{r}, \quad \dfrac{d^2 u}{dx^2} = \dfrac{d^2 u}{dr^2}\dfrac{y^2}{r^2} + \dfrac{du}{dr}\left(\dfrac{1}{r} - \dfrac{y^2}{r^3}\right);$

on aurait de même

$$\frac{d^2 u}{dy^2} = \frac{d^2 u}{dr^2}\frac{x^2}{r^2} + \frac{du}{dr}\left(\frac{1}{r} - \frac{x^2}{r^3}\right);$$

et, par suite,

$$\frac{d^2 u}{dr^2} + \frac{1}{r}\frac{du}{dr} = 0.$$

Cette équation se rencontre dans l'étude du mouvement des fluides.

59. $\dfrac{d^2 u}{dr^2} + \dfrac{2}{r}\dfrac{du}{dr} = 0.$

60. $\dfrac{du}{dy} = \sin\theta\,\dfrac{du}{dr} + \dfrac{\cos\theta}{r}\cdot\dfrac{du}{d\theta},$

$$\frac{d^2 u}{dy^2} = \sin^2\theta\,\frac{d^2 u}{dr^2} + \frac{\cos^2\theta}{r^2}\frac{d^2 u}{d\theta^2} + \frac{\cos^2\theta}{r}\frac{du}{dr};$$

$$+ \frac{2\sin\theta\cos\theta}{r^2}\left(r^2\,\frac{d^2 u}{dr\,d\theta} - \frac{du}{d\theta}\right).$$

Pour avoir $\dfrac{d^2 u}{dx^2}$, il suffit de changer dans l'équation précédente y en x et θ en $\dfrac{\pi}{2} - \theta$, ce qui donne

$$\frac{d^2 u}{dx^2} = \cos^2\theta\,\frac{d^2 u}{dr^2} + \frac{\sin^2\theta}{r^2}\frac{d^2 u}{d\theta^2} + \frac{\sin^2\theta}{r}\frac{du}{dr}$$

$$- \frac{2\sin\theta\cos\theta}{r^2}\left(r^2\,\frac{d^2 u}{dr\,d\theta} - \frac{du}{d\theta}\right);$$

on tire de là

$$\frac{d^2 u}{dx^2} + \frac{d^2 u}{dy^2} = \frac{d^2 u}{dr^2} + \frac{1}{r^2}\frac{d^2 u}{d\theta^2} + \frac{1}{r}\frac{du}{dr} = 0.$$

61. Désignons par s une inconnue auxiliaire telle qu'on ait

$$s = r\sin\theta;$$

il en résulte

$$y = s\sin\varphi, \quad z = s\cos\varphi,$$
$$s = r\sin\theta, \quad x = r\cos\theta.$$

En ne considérant d'abord que les deux variables y et z, il vient, comme dans le numéro qui précède,

$$(1) \qquad \frac{d^2u}{dy^2} + \frac{d^2u}{dz^2} = \frac{d^2u}{ds^2} + \frac{1}{s^2}\frac{d^2u}{d\varphi^2} + \frac{1}{s}\frac{du}{ds}.$$

Nous trouverons de la même manière

$$(2) \qquad \frac{d^2u}{ds^2} + \frac{d^2u}{dx^2} = \frac{d^2u}{dr^2} + \frac{1}{r^2}\frac{d^2u}{d\theta^2} + \frac{1}{r}\frac{du}{dr}.$$

La première équation du dernier numéro donne encore

$$(3) \qquad \frac{1}{s}\frac{du}{ds} = \frac{1}{r}\frac{du}{dr} + \frac{\cos\theta}{r^2}\frac{du}{d\theta}.$$

En ajoutant membre à membre les équations (1), (2) et (3), il vient enfin

$$\frac{d^2u}{dx^2} + \frac{d^2u}{dy^2} + \frac{d^2u}{dz^2} = \frac{d^2u}{dr^2} + \frac{1}{r^2}\frac{d^2u}{d\theta^2} + \frac{1}{s^2}\frac{d^2u}{d\varphi^2} + \frac{2}{r}\frac{du}{dr}$$

$$+ \frac{\cot\theta}{r^2}\frac{du}{d\theta} = 0.$$

Remplaçant s par sa valeur, on trouve

$$r\frac{d^2(ru)}{dr^2} + \frac{1}{\sin^2\theta}\frac{d^2u}{d\varphi^2} + \frac{1}{\sin\theta}\frac{d\left(\sin\theta\frac{du}{d\theta}\right)}{d\theta} = 0.$$

Cette équation, due à Laplace, est d'une très-haute importance dans la théorie de l'attraction et dans plusieurs questions de physique.

§ V. — *Élimination des constantes et des fonctions.*

62. On trouve

$$axy\frac{dy^2}{dx^2} + (bx^2 - ay^2 - c^2) - bxy = 0.$$

65. On a les équations

$$adx + bdy + cdz = 0,$$
$$ad^2x + bd^2y + cd^2z = 0,$$
$$ad^3x + bd^3y + cd^3z = 0.$$

Les deux premières donnent

$$\frac{a}{dy\,d^2z - dz\,d^2y} = \frac{b}{dz\,d^2x - dx\,d^2z} = \frac{c}{dx\,d^2y - dy\,d^2x};$$

et par suite, au moyen de la troisième,

$$(dy\,d^2z - dz\,d^2y)\,d^3x + (dz\,d^2x - dx\,d^2z)\,d^3y$$
$$+ (dx\,d^2y - dy\,d^2x)\,d^3z = 0.$$

Cette équation exprime la condition pour qu'une courbe soit plane ou que l'angle de torsion soit nul en chacun de ses points.

64. On trouve, par la différentiation,

$$\frac{dz}{dx} = nx^{n-1}\,\varphi\left(\frac{y}{x}\right) - y\,x^{n-2}\,\varphi'\left(\frac{y}{x}\right) - \frac{y^{n+1}}{x^2}\,\psi'\left(\frac{y}{x}\right),$$

$$\frac{dz}{dy} = x^{n-1}\,\varphi'\left(\frac{y}{x}\right) + n\,y^{n-1}\,\psi\left(\frac{y}{x}\right) + \frac{y^n}{x}\,\psi'\left(\frac{y}{x}\right);$$

et, par suite,

$$x\frac{dz}{dx} + y\,\frac{dz}{dy} = nz;$$

résultat facile à prévoir, puisque z est une fonction homogène de degré n.

On pouvait d'ailleurs observer tout d'abord que les deux fonctions se réduisent à une, car on a

$$z = x^n\left[\varphi\left(\frac{y}{x}\right) + \left(\frac{y}{x}\right)^n\psi\left(\frac{y}{x}\right)\right] = x^n f\left(\frac{y}{x}\right).$$

65. Le second membre étant homogène du degré n, on a sur-le-champ

$$x\frac{du}{dx} + y\,\frac{du}{dy} + z\,\frac{du}{dz} = nu.$$

66. On trouve, en différentiant successivement par rapport à x et à y,

$$\frac{dz}{dx}\left[1 - x\,\varphi'(z) - y\,\psi'(z)\right] = \varphi(z),$$

$$\frac{dz}{dy}\left[1 - x\,\varphi'(z) - y\,\psi'(z)\right] = \psi(z);$$

et, par suite,

$$(1) \qquad \frac{\left(\dfrac{dz}{dx}\right)}{\left(\dfrac{dz}{dy}\right)} = f(z),$$

f désignant une fonction arbitraire.

Posons, pour abréger,

$$\frac{dz}{dx} = p, \quad \frac{dz}{dy} = q, \quad \frac{dp}{dx} = r, \quad \frac{dp}{dy} = \frac{dq}{dx} = s, \quad \frac{dq}{dy} = t.$$

Il viendra, en éliminant f de l'équation (1),

$$q^2 r - 2pqs + p^2 t = 0;$$

c'est l'équation générale des surfaces réglées, dont la généra-ratrice rencontre constamment deux courbes données, en restant parallèle à un plan fixe.

67. L'équation proposée peut s'écrire

$$\log z = \log \varphi(ay + bx) + \log \psi(ay - bx),$$

ou bien

$$\log z = F(ay + bx) + f(ay - bx),$$

F et f désignant deux fonctions arbitraires.

On en déduit, en adoptant les notations du numéro précédent,

$$\frac{p}{z} = b F'(ay + bx) - bf'(ay - bx),$$

$$\frac{q}{z} = a F'(ay + bx) + bf'(ay - bx),$$

$$\frac{zr - p^2}{z^2} = b^2 F''(ay + bx) + b^2 f''(ay - bx),$$

$$\frac{zt - q^2}{z^2} = a^2 F''(ay + bx) + a^2 f''(ay - bx).$$

Les deux dernières équations nous donnent

$$a^2(zr - p^2) - b^2(zt - q^2) = 0.$$

68. On trouve en différentiant,

$$\frac{du}{dx} = \frac{du}{dr}\frac{dr}{dx} + \frac{du}{dz}\frac{dz}{dx},$$

$$\frac{du}{dy} = \frac{du}{dr}\frac{dr}{dy} + \frac{du}{dz}\frac{dz}{dy},$$

$$\frac{dr}{dx} = \left(a + c\frac{dz}{dx}\right)\varphi'(ax + cz) = a\psi'(ax - by),$$

$$\frac{dr}{dy} = - b\psi'(ax - by),$$

$$\frac{dr}{dz} = c\varphi'(ax + cz);$$

d'où l'on déduit

$$\frac{1}{a}\frac{dr}{dx} + \frac{1}{b}\frac{dr}{dy} = 0$$

et

$$\frac{1}{a}\frac{du}{dx} + \frac{1}{b}\frac{du}{dy} = \frac{du}{dz}\left(\frac{1}{a}\frac{dz}{dx} + \frac{1}{b}\frac{dz}{dy}\right).$$

On a d'ailleurs les deux équations

$$\left(a + c\frac{dz}{dx}\right)\varphi'(ax + cz) = a\psi'(ax - by),$$

$$c\frac{dz}{dy}\varphi'(ax + cz) = - b\psi'(ax - by),$$

qui donnent

$$\frac{1}{a}\frac{dz}{dx} + \frac{1}{b}\frac{dz}{dy} = - \frac{1}{c};$$

et par suite

$$\frac{1}{a}\frac{du}{dx} + \frac{1}{b}\frac{du}{dy} + \frac{1}{c}\frac{du}{dz} = 0.$$

§ VI. — *Vraie valeur des fonctions qui se présentent sous des formes indéterminées.*

69. a^n.

70. $\dfrac{n(n+1)}{2}$. La fonction proposée est égale à la somme

$$x + 2x^2 + 3x^3 + \ldots + nx^n.$$

(*Voir* n° 2, QUESTIONS DIVERSES, 3e PARTIE.)

71. $\dfrac{n(n+1)(2n+1)}{6}$. La fonction proposée est égale à la somme

$$x + 4x^2 + 9x^3 + \ldots + n^2 x^n.$$

(*Voir* n° 2, QUESTIONS DIVERSES, 3e PARTIE.)

72. $\dfrac{20}{9a}$.

73. $\dfrac{1}{24a}$.

74. $\dfrac{\pi^2}{6}$. La fonction proposée est la somme de la série

$$\frac{1}{1+x^2} + \frac{1}{4+x^2} + \frac{1}{9+x^2} + \ldots.$$

(*Voir* n° 17, QUESTIONS DIVERSES, 3e PARTIE.)

75. $\dfrac{\pi^2}{8}$. La fonction proposée est la somme de la série

$$\frac{1}{1^2+x^2} + \frac{1}{3^2+x^2} + \frac{1}{5^2+x^2} + \ldots.$$

(*Voir* n° 17, QUESTIONS DIVERSES, 3e PARTIE.)

76. La fonction proposée revient à

$$\frac{\pi x}{\tan \pi x} \cdot \frac{\tan \pi x - \pi x}{2\pi x^3};$$

$\dfrac{\pi^2}{6}$ est la vraie valeur du second facteur et, par conséquent, de la fonction elle-même.

On serait arrivé au même résultat en faisant usage du développement de $\tan \pi x$ en série ordonnée par rapport aux puissances croissantes de l'arc.

77. La vraie valeur est celle de

$$\frac{p \cos^2 x \, \tang x}{\cos^2 px \, \tang px} = \frac{\sin 2x}{2x} \cdot \frac{2px}{\sin 2px} ;$$

c'est l'unité.

78. Zéro pour n positif, $-\infty$ pour n négatif.

79. $\log x^{x^n} = x^n \log x.$

Donc, en vertu du numéro précédent, la vraie valeur cherchée sera 1 ou zéro, selon que n sera positif ou négatif.

80. $\dfrac{1}{6}.$

81. $-3.$

82. $\sin a.$

83. Le logarithme de l'expression proposée a pour vraie valeur celle de la quantité

$$-\frac{a}{2b} \frac{\sin ax}{\cos ax \, \cos bx \, \sin bx} = -\frac{a^2}{2b^2 \cos ax \, \cos bx} \frac{\left(\dfrac{\sin ax}{ax}\right)}{\left(\dfrac{\sin bx}{bx}\right)}.$$

La quantité cherchée est donc

$$c^{-\frac{a^2}{2b^2}}.$$

84. $\dfrac{1 + a^2}{\cos^2 a}.$

85. $\dfrac{a - b}{g - h}.$

86. La vraie valeur est 1.

87. $e^{-\frac{2}{\pi}}.$

88. $\dfrac{dy}{dx} = \pm 1$, pour $x = 0.$

La courbe représentée par l'équation proposée est connue sous le nom de *courbe du diable*.

89. $\dfrac{dy}{dx} = \infty$, pour $x = 0$.

§ VII. — *Maxima et minima*.

90. Pour $x = 1$, y est minimum;
Pour $x = 2$, maximum;
Pour $x = 3$, minimum.

91. $\dfrac{dy}{dx} = \dfrac{1 - x^2}{(1 + x^2)^2} = 0$, $x = \pm 1$.

Pour reconnaître les maxima et les minima, il suffit de considérer seulement la fonction $1 - x^2$, parce que le facteur $\dfrac{1}{(1 + x^2)^2}$ restera toujours positif et sa dérivée ne deviendra pas infinie,

$$\frac{d(1 - x^2)}{dx} = -2x;$$

donc $x = 1$ répond au maximum, $x = -1$ au minimum.

La remarque faite sur cet exemple simplifie souvent les calculs qui servent à distinguer les maxima et les minima.

92. En opérant comme dans le numéro qui précède, on trouve immédiatement que y est maximum pour $x = 0$ et minimum pour $x = 2$.

93. Pour $x = 0$, $y = \dfrac{27}{4}$, minimum;
Pour $x = -2$, $y = \infty$.

94. $x = \dfrac{a}{2^{\frac{1}{2}}}$ donne $y = \dfrac{4}{27\,a^4}$, maximum.

Ce calcul résout la question suivante : Un point lumineux, situé sur une verticale donnée, éclaire une surface horizontale infiniment petite dont la position est connue; à quelle hauteur doit être situé le point lumineux pour que l'éclairement de la surface soit le plus grand possible?

95. $x = e^{\frac{1}{n}}$ donne $y = \dfrac{1}{nc}$, maximum.

96. Posant

$$z = x^{\frac{1}{3}},$$

et ne tenant compte dans la dérivée que du facteur

$$z\,(z - 1)\,(z^3 - 7),$$

on trouve que

$$x = 0 \text{ donne un minimum;}$$
$$x = 1 \qquad \text{un maximum;}$$
$$x = 7 \qquad \text{un minimum.}$$

97. (*Fig.* 1.) Soient A et B les deux points, Ox la droite, O l'origine, a et b les coordonnées de A, a_1, b_1 celles de B et $OP = x$; on trouve que la condition du minimum est

$$\frac{x - a}{\left[b^2 + (x - a)^2\right]^{\frac{1}{2}}} = \frac{a_1 - x}{\left[b_1^2 + (x - a_1)^2\right]^{\frac{1}{2}}},$$

c'est-à-dire que les angles APM, BPN sont égaux.

Nous avons supposé les points et la droite dans le même plan; la question se traite absolument de même quand cette condition n'a pas lieu.

98. $2a$ étant l'arc donné, x le rayon cherché, la condition du maximum est

$$\cos\frac{a}{x}\left(a\cos\frac{a}{x} - x\sin\frac{a}{x}\right) = 0.$$

On en tire $x = \dfrac{2a}{\pi}$, c'est-à-dire que le segment est un demi-cercle. Les valeurs de l'angle $\frac{a}{x}$ supérieures à π ne peuvent convenir.

Le second facteur donne

$$\frac{\tan\frac{a}{x}}{\left(\frac{a}{x}\right)} = 1,$$

ce qui exige

$$x = \infty\,;$$

il en résulte

$$y = 0,$$

qui est un minimum.

99. (*Fig.* 2.) $AC = a$, $AB = b$, $AX = x$.

$x = b^{\frac{1}{2}}$ donne le minimum.

100. (*Fig.* 3.) $POM = \alpha$, $OP = \varphi$, $OM = \theta$.

La condition du maximum est

$$d\varphi - d\theta = 0\,;$$

d'ailleurs

$$\tan\theta = \cos\alpha \tan\varphi.$$

Il en résulte que

$$\tan\varphi = (\sec\alpha)^{\frac{1}{2}}$$

donne le maximum.

101. Soient r, r' les rayons des sphères, d la distance des centres, x la distance du point cherché au centre de la sphère de rayon r; on a

$$x = d \cdot \frac{r^{\frac{2}{3}}}{r^{\frac{2}{3}} + r'^{\frac{2}{3}}}.$$

On suppose que le point demandé est nécessairement situé entre les deux centres.

102. (*Fig.* 4.) Soient S le sommet de la pyramide additionnelle, PQRS une de ses faces prolongée jusque dans l'intérieur du prisme. On abaisse SO perpendiculaire sur la base et l'on mène OM, RP, SQ, qui se rencontrent au point N. Il résulte de cette construction que les pyramides PSRO et PMRO sont égales, de sorte que le volume dont on s'occupe est indépendant de l'inclinaison de SQ sur OM. Désignons par a le côté de l'hexagone, par θ l'angle SNO; la valeur minimum cherchée correspond à

$$\sin \theta = \frac{1}{3^{\frac{1}{2}}}.$$

Les alvéoles des abeilles ont précisément la forme qui résulte de cette solution.

103. (*Fig.* 5.) Faisons

$$BC = a, \quad AC = b, \quad BD = x;$$

il vient

$$DN = \frac{b}{a}x, \quad EN = (ax - x^2)^{\frac{1}{2}},$$

et la surface a pour expression

$$\frac{4}{3}\frac{b}{a}x(ax - x^2)^{\frac{1}{2}},$$

dont le maximum répond à $x = \dfrac{3a}{4}$.

104. (*Fig.* 6.) Si l'on pose AC $= a$, CD $= b$, CN $= x$, BP représentant le grand axe de l'ellipse, la condition du maximum est donnée par l'équation

$$3(a^2 + b^2)x^2 - 4b(a^2 - b^2)x + b^2(a^2 + b^2) = 0.$$

Les racines seront réelles si l'on a

$$a > b\left(2 + 3^{\frac{1}{2}}\right);$$

c'est-à-dire si l'angle du cône a moins de 30 degrés.

Si les racines ne sont pas réelles, il n'y a pas de maximum, et la surface de l'ellipse augmente à mesure que son plan se rapproche de la base.

On aurait pu traiter le problème en prenant pour inconnue l'angle φ que fait le plan sécant avec le plan de la base. En désignant par 2α l'angle du cône, la condition du maximum est alors donnée par l'équation très-simple

$$\sin 2\varphi = 2 \sin 2\alpha,$$

qui conduit au résultat déjà obtenu.

105. $x = -\dfrac{1}{2}$ donne $y = 2$, maximum;

$x = 1$ donne $y = -1$, ni maximum ni minimum.

106. $x = 2^{\frac{1}{3}} a$ donne $y = 4^{\frac{1}{3}} a$, maximum;

$x = 0$ donne $y = 0$, minimum.

107. Ni maximum ni minimum.

108. $x = \dfrac{ma}{\left(1 - m^2\right)^{\frac{1}{2}}}$ donne $y = \dfrac{a}{\left(1 - m^2\right)^{\frac{1}{2}}}$, maximum.

109. Pour $x = 0$ et $y = 0$, $u = 0$, maximum.

Pour $x = \pm 2^{\frac{1}{2}}$ et $y = \mp 2^{\frac{1}{2}}$, $u = -8$, min.

110. Pour $x = \dfrac{a}{2}$ et $y = \dfrac{a}{3}$, $u = \dfrac{a^6}{432}$, maximum.

Pour $x = 0$ et $y = 0$, $u = 0$, ni max., ni min.

111. Quand u sera maximum, $\log u$ le sera aussi et réciproquement. Prenant les logarithmes des deux membres et égalant à zéro les dérivées partielles du second, on trouve

$$\frac{a}{x} = \frac{x}{y} = \frac{y}{z} = \frac{z}{b} = \pm \left(\frac{a}{b}\right)^{\frac{1}{4}}.$$

Adoptons le signe $+$ et posons

$$\left(\frac{a}{b}\right)^{\frac{1}{4}} = \frac{1}{n};$$

il en résulte

$$x = na, \quad y = n^2 a; \quad z = n^3 a.$$

Calculons les dérivées secondes et remplaçons-y les inconnues par ces valeurs; les conditions de maximum ou de minimum pour les fonctions de trois variables indépendantes se réduisent à

$$-\frac{3}{a^4 n^8 (1+n)^4} < 0, \quad \frac{8}{a^8 n^{10}(1+n)^4} > 0,$$

et la fonction u a pour maximum

$$\frac{1}{\left(a^{\frac{1}{4}} + b^{\frac{1}{4}}\right)^4}.$$

Le signe $-$ donnerait un minimum.

112. Adoptons la méthode des multiplicateurs, et soit λ celui de l'équation donnée. On a

$$(1) \qquad \lambda\left[(1+p^2)x + pqy\right] + rx + sy = 0,$$
$$(2) \qquad \lambda\left[pqx + (1+q^2)y\right] + sx + ty = 0.$$

Multiplions (1) par x, (2) par y et ajoutons, il vient

$$\lambda + u = 0;$$

ce qui donne

$$[u(1+p^2) - r]x = -(upq - s)y,$$
$$[u(1+q^2) - t]y = -(upq - s)x;$$

et, par suite,

$$u^2(1 + p^2 + q^2) - u\left[(1+q^2)r - 2pqs + (1+p^2)t\right] + rt - s^2 = 0.$$

C'est l'équation qui résout la question proposée.

La même équation se rencontre quand on cherche les rayons de courbure maximum et minimum en un point d'une surface.

113. En remarquant que $\sin 2y = \cos 2x$, on trouve

$$u = \frac{1}{2}\left(a + b \pm (a^2 + b^2)^{\frac{1}{2}}\right).$$

Le signe $+$ correspond à un maximum, le signe $-$ à un minimum.

114. Par la méthode des multiplicateurs on trouve

$$u = \frac{[\log(A\,abc)]^3}{\log a^3 \log b^3 \log c^3}.$$

115. L'ellipsoïde ayant pour équation

$$\frac{x^2}{a^2} + \frac{y^2}{b^2} + \frac{z^2}{c^2} = 1,$$

et $2x$, $2y$, $2z$ étant les arêtes du parallélipipède, on a

$$x = \frac{a}{3^{\frac{1}{2}}}, \quad y = \frac{b}{3^{\frac{1}{2}}}, \quad z = \frac{c}{3^{\frac{1}{2}}};$$

et pour le volume cherché

$$\frac{8.abc}{3^{\frac{2}{3}}}.$$

116. (*Fig.* 7.) ABC est le triangle donné, DEF le triangle inscrit.

$$CD = x, \quad AE = y, \quad BF = z.$$

On trouve

$$\frac{x - (b - y)\cos C}{[x^2 + (b-y)^2 - 2x(b-y)\cos C]^{\frac{1}{2}}} = \frac{(a - x) - z\cos B}{[z^2 + (a-x)^2 - 2z(a-x)\cos B]^{\frac{1}{2}}},$$

et deux autres équations analogues; ce qui prouve qu'on a

$$FEA = DEC, \quad EDC = BDF, \quad BFD = AFE.$$

Le triangle demandé s'obtient donc en joignant entre eux les pieds des perpendiculaires abaissées des sommets du triangle ABC sur les côtés opposés.

117. $lx + my + nz = 0$ étant l'équation du plan donnée, r la distance du centre de la surface à un point de la section, on a

$$r^2 = x^2 + y^2 + z^2,$$
$$r^4 = a^2 x^2 + b^2 y^2 + c^2 z^2,$$
$$0 = lx + my + nz.$$

Soient λ et μ deux multiplicateurs indéterminés ; la méthode connue donne

$$x + \lambda l = \mu a^2 x, \quad y + \lambda m = \mu b^2 y, \quad z + \lambda n = \mu c^2 z.$$

On tire de là

$$\mu = \frac{1}{r^2},$$

et, par suite,

$$x = \frac{\lambda l r^2}{r^2 - a^2}, \quad y = \frac{\lambda m r^2}{r^2 - b^2}, \quad z = \frac{\lambda n r^2}{r^2 - c^2}.$$

On trouve enfin, pour obtenir le maximum et le minimum de r, l'équation suivante :

$$\frac{l^2}{r^2 - a^2} + \frac{m^2}{r^2 - b^2} + \frac{n^2}{r^2 - c^2} = 0 ;$$

elle sert à déterminer les vitesses de l'onde propagée dans un milieu cristallisé. La surface considérée dans cet exemple est la *surface d'élasticité* (n° **168**).

> *Voir* FRESNEL, *Mémoires de l'Institut*, t. VII, p. 130, et HERSCHELL, *Théorie de la lumière*.

118. $\dfrac{x^2}{a^2} + \dfrac{y^2}{b^2} + \dfrac{z^2}{c^2} = 1,$ équation de l'ellipsoïde.

$lx + my + nz = 0,$ équation du plan.

En opérant comme dans le numéro précédent, l'équation

qui détermine les axes est la suivante :

$$\frac{a^2 l^2}{r^2 - a^2} + \frac{b^2 m^2}{r^2 - b^2} + \frac{c^2 n^2}{r^2 - c^2} = 0.$$

Après avoir ordonné par rapport à r, on trouve que le produit des demi-axes de l'ellipse d'intersection est

$$\frac{abc}{\left(a^2 l^2 + b^2 m^2 + c^2 n^2\right)^{\frac{1}{2}}};$$

et, par suite, la surface a pour expression

$$\frac{\pi abc}{\left(a^2 l^2 + b^2 m^2 + c^2 n^2\right)^{\frac{1}{2}}}.$$

119. La question revient à trouver le produit des trois demi-axes principaux, et comme ces demi-axes sont les valeurs maximum et minimum du rayon vecteur ayant le centre pour origine, il suffit de chercher les maximum et minimum de la quantité

$$r = \sqrt{x^2 + y^2 + z^2},$$

x, y, z étant liées par l'équation de l'ellipsoïde. On trouve alors, en appelant λ une indéterminée,

$$\lambda x + a x + b' z + b'' y = 0,$$
$$\lambda y + a' y + b z + b'' x = 0,$$
$$\lambda z + a'' z + b y + b' x = 0,$$

d'où

$$\lambda = -\frac{c}{r^2}.$$

En substituant, il vient

$$\left(\frac{c}{r^2} - a\right) x - b'' y - b' z = 0,$$
$$b'' x - \left(\frac{c}{r^2} - a'\right) y + b z = 0,$$
$$b' x + b y - \left(\frac{c}{r^2} - a''\right) z = 0.$$

Multipliant la première équation par

$$\left(\frac{c}{r^2}-a'\right)\left(\frac{c}{r^2}-a\right)-b^2,$$

la deuxième par

$$-\left[bb'+b''\left(\frac{c}{r^2}-a''\right)\right],$$

la troisième par

$$-\left[bb''+b'\left(\frac{c}{r^2}-a'\right)\right],$$

et ajoutant, il reste, toutes suppressions faites,

$$\left(\frac{c}{r^2}-a\right)\left(\frac{c}{r^2}-a'\right)\left(\frac{c}{r^2}-a''\right)$$

$$-b^2\left(\frac{c}{r^2}-a\right)-b'^2\left(\frac{c}{r^2}-a'\right)-b''^2\left(\frac{c}{r^2}-a''\right)-2bb'b''=0.$$

On ordonne par rapport à r^3 et on arrive, pour la surface demandée, à l'expression

$$\frac{4\pi}{3}\frac{c^{\frac{3}{2}}}{(aa'a''-ab^2-a'b'^2-a''b''^2-2bb'b'')^{\frac{1}{2}}}.$$

120. (*Fig.* 8.) En désignant par α et 6 les coordonnées du centre de l'ellipse cherchée, l'équation de cette courbe peut s'écrire

$$A(x-\alpha)+2B(x-\alpha)(y-6)+C(y-6)^2+1=0.$$

Posons $CA=p$, $CB=q$, et exprimons que la courbe passe par les points C, A, B; il en résulte les trois équations

$$(1) \qquad\qquad A\alpha^2+2B\alpha6+C6^2+1=0,$$

$$(2) \qquad A(p-\alpha)^2-2B(p-\alpha)6+C6^2+1=0,$$

$$(3) \qquad C(q-6)^2-2B(q-6)\alpha+A\alpha^2+1=0.$$

Retranchons successivement l'équation (1) des équations (2) et (3), il vient

$$(4) \qquad\qquad A(2\alpha-p)+2B6=0,$$

$$(5) \qquad\qquad C(26-q)+2B\alpha=0.$$

.Les relations (1), (4), (5) donnent enfin, pour les coefficients A, B, C,

$$A = \frac{-(2\beta - q)}{\alpha(p\beta + q\alpha - pq)}, \quad B = \frac{(2\alpha - p)(2\beta - q)}{2\alpha\beta(p\beta + q\alpha - pq)},$$

$$C = \frac{-(2\alpha - p)}{\beta(p\beta + q\alpha - pq)}.$$

Pour obtenir l'expression S de la surface de l'ellipse en
fonction de ces quantités, cherchons, en suivant la marche
du numéro précédent, l'équation qui a pour racines les
demi-axes de la courbe. Cette équation est la suivante :

$$(AC - B^2) z^4 - (A + C - 2B\cos\theta) z^2 + \sin^2\theta = 0;$$

le carré du produit des demi-axes est donc

$$\frac{\sin^2\theta}{AC - B^2},$$

et, par suite,

$$S = \frac{\pi\sin\theta}{(AC - B^2)^{\frac{1}{2}}}.$$

Le minimum de S correspondant au maximum de
$AC - B^2$, il suffit de chercher le maximum de cette fonction des deux variables α et β. Les valeurs de A, B, C sont
connues ; en faisant le calcul et ne prenant que les facteurs
utiles, on arrive aux équations

$$2q\alpha + p\beta - pq = 0, \quad 2p\beta + q\alpha - pq = 0;$$

d'où

$$\alpha = \frac{p}{3}, \quad \beta = \frac{q}{3}.$$

Le centre de l'ellipse est donc au centre de gravité du
triangle, et sa surface a pour expression

$$\frac{2\pi ab\sin\theta}{3^{\frac{1}{2}}}.$$

4

Euler est le premier qui ait traité ce problème. La solution précédente est due à Bérard (*Annales de Gergonne,* t. IV). M. Liouville en a donné, dans le tome VII de son journal, une solution géométrique très-simple.

121. Cette question peut se résoudre en suivant une marche semblable à celle du numéro précédent. On trouve ainsi que l'aire de l'ellipse maximum est égale à celle du triangle multipliée par $\dfrac{\pi}{3^{\frac{3}{2}}}$, que son centre coïncide avec le centre de gravité du triangle, et que les points de contact sont les milieux des côtés.

(BÉRARD, *Annales de Gergonne,* t. IV.)

122. h désignant la hauteur, α, ϵ, γ les angles dièdres correspondants aux côtés a, b, c de la base, il faut rendre minimum l'expression

$$\frac{ah}{\sin\alpha} + \frac{bh}{\sin\epsilon} + \frac{ch}{\sin\gamma},$$

qui représente la somme des triangles latéraux. Les angles α, ϵ, γ, sont liés d'ailleurs par la condition

$$a\cot\alpha + b\cot\epsilon + c\cot\gamma = \text{const.}$$

On trouve

$$\alpha = \epsilon = \gamma.$$

123. Soient A, B, C les points donnés. Prenons pour axe des x la droite qui joint A et B, et pour axe des y une perpendiculaire à cette droite menée par le point A. α étant l'abscisse de B, a, b, les coordonnées de C, x, y celles du point cherché, l'expression à rendre minimum est la suivante :

$$\varphi(x,y) = [(x-a)^2 + (y-b)^2]^{\frac{1}{2}} + [(x-\alpha)^2 + y^2]^{\frac{1}{2}} + (x^2 + y^2)^{\frac{1}{2}}.$$

Posons

$$\frac{d\varphi}{dx} = 0, \quad \frac{d\varphi}{dy} = 0;$$

on en tire

$$\frac{a-x}{[(x-a)^2+(y-b)^2]^{\frac{1}{2}}} = \frac{x-\alpha}{[(x-\alpha)^2+y^2]^{\frac{1}{2}}} + \frac{x}{(x^2+y^2)^{\frac{1}{2}}},$$

$$\frac{b-y}{[(x-a)^2+(y-b)^2]^{\frac{1}{2}}} = \frac{y}{[(x-\alpha)^2+y^2]^{\frac{1}{2}}} + \frac{y}{(x^2+y^2)^{\frac{1}{2}}}.$$

Élevant au carré et ajoutant, il vient

$$1 = 2 + \frac{2[(x-\alpha)x+y^2]}{(x^2+y^2)^{\frac{1}{2}}[(x-\alpha)^2+y^2]^{\frac{1}{2}}};$$

d'où l'on déduit

$$(x^2+y^2-\alpha x)^2 = \frac{1}{4}(x^2+y^2)[(x-\alpha)^2+y^2];$$

et comme le second membre peut s'écrire

$$\frac{1}{4}[(x^2+y^2-\alpha x)^2 + \alpha^2 y^2],$$

on trouve enfin

$$x^2+y^2-\alpha x = \pm\frac{\alpha y}{3^{\frac{1}{2}}}.$$

Cette équation représente les deux cercles qui correspondent aux segments capables des angles de 120 degrés qu'on peut décrire sur la corde AB. Il suit de là que le point cherché est à l'intersection de trois segments semblables décrits sur les côtés AB, AC, BC; il jouit par conséquent de cette propriété que les droites qui le joignent aux points A, B, C forment trois angles égaux entre eux et de 120 degrés.

Quand le triangle ABC a un angle plus grand que 120 degrés, les segments ne peuvent pas se couper. Les deux conditions $\frac{d\varphi}{dx}=0$, $\frac{d\varphi}{dy}=0$, sont alors incompatibles. Le problème ayant toujours une solution, pour trouver celle qui convient dans ce cas, remarquons que les dérivées deviennent $\frac{0}{0}$ si l'on prend pour le point cherché l'un des trois points A, B, C; c'est donc l'un de ces trois points qui résout la question, et l'on voit sans peine qu'il faut choisir le sommet de l'angle obtus.

Ce problème fut proposé par Toricelli à Fermat, qui en donna peu après trois solutions; plusieurs géomètres s'en sont occupés depuis. La solution précédente est due à M. J. Bertrand. (*Journal* de Liouville, tome VIII.)

§ VIII. *Tangentes aux courbes planes.*

124. Sous-tang $= \dfrac{x^2}{x - y}$.

125. (*Fig.* 9.) AC $= a$, AB $= b$. L'équation de la parabole tangente aux droites données est

$$(ay - bx)^2 - 2ab(ay + bx) + a^2 b^2 = 0,$$

qui se met sous la forme plus simple

$$\left(\frac{x}{a}\right)^{\frac{1}{2}} + \left(\frac{y}{b}\right)^{\frac{1}{2}} = 1.$$

La tangente a pour équation

$$\frac{X}{(ax)^{\frac{1}{2}}} + \frac{Y}{(by)^{\frac{1}{2}}} = 1;$$

par conséquent,

$$AE = (by)^{\frac{1}{2}} = y_0, \quad AF = (ax)^{\frac{1}{2}} = x_0;$$

le point (x_0, y_0) est donc sur la droite

$$\frac{X}{a} + \frac{Y}{b} = 1. \qquad\qquad\text{C. Q. F. D.}$$

126. L'équation de la tangente étant

$$\frac{X}{x^{\frac{1}{3}}} + \frac{Y}{y^{\frac{1}{3}}} = 1,$$

les segments x_0, y_0, que cette droite détermine sur les axes à partir de l'origine, ont pour valeurs $(a^2 x)^{\frac{1}{3}}$, $(a^2 y)^{\frac{1}{3}}$; d'où il suit que la portion de cette tangente comprise entre les axes est constamment égale à la longueur a.

Cette propriété est caractéristique de la courbe en question qui est une hypocycloïde (n° **127**).

127. (*Fig.* 10.) AX est la droite fixe, M un point quelconque du lieu, A la position initiale du mobile. En supposant les axes comme dans la figure, désignant par a le rayon du cercle et par θ l'angle MOB, on a

$$(1) \qquad \begin{cases} x = a\theta - a\sin\theta, \\ y = a - a\cos\theta; \end{cases}$$

et, par suite,

$$x = \text{arc } a\cos\frac{a-y}{a} - (2ay - y^2)^{\frac{1}{2}}.$$

Cette équation convient à tous les points de l'arc AC′; pour les points de l'arc C′A′, le radical devrait être précédé du signe $+$.

En se servant des formules (1), on trouve

$$\frac{dy}{dx} = \frac{(2ay - y^2)^{\frac{1}{2}}}{y} = \frac{\text{MD}}{\text{MD}} = \text{tang PMB}.$$

La tangente à la cycloïde s'obtient donc en menant MC.

Abaissons MD′ perpendiculaire sur C′B′, et soit M′R tangente au cercle O′. On a M′R = MM′, puisque M′C′ est bissectrice de l'angle RM′D′; il en résulte que M′R est égale à l'arc M′C′ et que le lieu des points R est la développante du cercle.

La cycloïde possède une foule de propriétés curieuses. Après les sections coniques, c'est sans contredit la courbe dont les géomètres se sont le plus occupés. Attribuée par les uns à Galilée, par d'autres au cardinal de Cusa (1510), elle devint célèbre du temps de Roberval, qui le premier détermina sa surface. La construction de sa tangente fut donnée par Descartes, Wren calcula sa longueur ; Pascal trouva l'aire et le centre de gravité d'un segment quelconque, ainsi que la surface et le volume engendrés par la révolution de ce segment autour de l'axe de la courbe. C'est à Huyghens qu'est due la connaissance de sa développée, de son rayon de courbure et de la propriété remarquable dont elle jouit d'être la tautochrone. Jean Bernoulli découvrit en elle la brachistochrone et lui reconnut une autre propriété singulière dont voici l'énoncé : Qu'on imagine un arc de courbe AB, tel que les tangentes extrêmes soient perpendiculaires entre elles ; développons-le à partir du point B, ce qui donnera l'arc BC. Développons celui-ci à partir du point C, ce qui donnera l'arc CD, et ainsi de suite. La limite des arcs ainsi obtenus est une demi-cycloïde.

Cette courbe a été l'objet de traités spéciaux dus à Pascal, Wallis, etc.

On peut généraliser le problème de la cycloïde en supposant que le point décrivant M n'est plus sur une circonférence mobile, mais demeure invariablement lié à cette circonférence et à une distance b du centre O. La droite MO, prolongée s'il est nécessaire, rencontre la circonférence en N, M et N étant du même côté du centre. En prenant les mêmes axes que pour la cycloïde engendrée par N, et comparant les coordonnées des deux courbes, on trouve pour le lieu cherché

$$x = a\,\theta - b\sin\theta,$$
$$y = a - b\cos\theta.$$

C'est la *trochoïde*.

Au lieu de faire mouvoir le cercle O sur une droite, faisons-le rouler sur un autre cercle fixe C. Selon que la courbe mobile sera extérieure ou intérieure à la courbe fixe, on obtiendra une *épitrochoïde* ou une *hypotrochoïde*. Soient A et Q (*fig.* 11) les points en contact à l'origine du mouvement, M le point décrivant, et posons

$$OM = h, \quad CN = x, \quad MN = y, \quad ACB = \theta;$$

nous aurons alors

$$QOB = \frac{a}{b}\theta,$$

et

$$x = CH + HN = (a + b)\cos\theta - h\cos\frac{(a + b)\theta}{b},$$

$$y = OH - OK = (a + b)\sin\theta - h\sin\frac{(a + b)\theta}{b}.$$

Si le cercle mobile est intérieur à l'autre, on a

$$x = (a - b)\cos\theta + h\cos\frac{(a - b)\theta}{b},$$

$$y = (a - b)\sin\theta - h\sin\frac{(a - b)\theta}{b}.$$

En faisant $h = b$ dans ces équations, on obtient celles de l'*épicycloïde* et de l'*hypocycloïde*.

Si $h = b = a$, l'épicycloïde a pour équation

$$(x^2 + y^2 - a^2)^2 = 4a^2[(x - a)^2 + y^2],$$

ou, en posant $x = a + r\cos\varphi$, $y = r\sin\varphi$,

$$r = 2a(1 - \cos\varphi).$$

C'est une des caustiques du cercle, le point lumineux étant à la circonférence. Sa forme lui a fait donner le nom de *cardioïde*.

Faisons dans l'équation de l'hypotrochoïde $h = b = \frac{a}{4}$, il vient

$$(a^2 - x^2 - y^2)^3 = 27\, a^2 x^2 y^2,$$

qui peut se mettre sous la forme simple

$$x^{\frac{2}{3}} + y^{\frac{2}{3}} = a^{\frac{2}{3}}.$$

Cette courbe se rencontre dans plusieurs questions.

L'hypotrochoïde se réduit à une ellipse si $b = \dfrac{a}{2}$.

128. Soient A l'origine des axes, $AM = r$, $AH = p$. Les coordonnées de M sont x et y, celles de H, α et 6; P est la distance inconnue. On a

$$\frac{dy}{dx} = \frac{y - 6}{x - \alpha} = -\frac{\alpha}{6},$$

ce qui donne

(1) $$\alpha x + 6 y = \alpha^2 + 6^2 = p^2,$$

(2) $$\alpha\, dx + 6\, dy = 0.$$

Or

$$P = \frac{\alpha \dfrac{d6}{d\alpha} - 6}{\left(1 + \dfrac{d6^2}{d\alpha^2}\right)^{\frac{1}{2}}};$$

des équations (1) et (2), on tire

$$\frac{d6}{d\alpha} = -\frac{x - 2\alpha}{y - 26},$$

et en substituant dans P,

$$P = \frac{p^2}{r}.$$

C. Q. F. D.

129. (*Fig.* 12.) Soient AB, BC, CD trois côtés consécutifs du polygone minimum, et prenons pour origine le point E où se rencontrent AB et CD; la tangente BC doit être telle que le triangle ECB soit maximum. Déterminons le point de contact M par cette condition. On a

$$EC = y - x\frac{dy}{dx}, \quad EB = x - y\frac{dx}{dy}$$

et

$$CBE = -\left(y - x\frac{dy}{dx}\right)^2 \frac{dx}{dy}\sin E.$$

Pour le maximum on trouve, en différentiant,

$$\frac{dy^2}{dx^2}\frac{dx}{dy}\left(y - x\frac{dy}{dx}\right)\left(2x + y\frac{dx}{dy} - x\right) = 0;$$

et, en égalant à zéro le dernier facteur du premier membre de cette équation, il vient

$$x = \frac{1}{2}\left(x - y\frac{dx}{dy}\right) = \frac{1}{2}\,EB;$$

ce qui montre que le côté CB est partagé en deux parties égales par le point de contact. La même chose a donc lieu pour tous les côtés du polygone cherché.

150. φ étant l'angle de la tangente avec le rayon vecteur, on a

$$\operatorname{tang}\varphi = a \quad \text{et} \quad \text{sous-tang} = ra = ac.e^{\frac{\theta}{a}}.$$

151. $\operatorname{tang}\varphi = \operatorname{tang} n\theta;$

d'où

$$\varphi = n\theta + k\pi.$$

Soit φ' répondant à l'angle $\theta + \pi$, il en résulte

$$\varphi' - \varphi = n\pi;$$

ce qui démontre le théorème.

§ IX. — *Points d'inflexion des courbes.*

152. $x = \dfrac{3a}{2}$ et $y = \dfrac{2a}{3^{\frac{1}{2}}}.$

153. $x = 0, \quad y = c\left(\dfrac{c}{b}\right)^{\frac{1}{3}}; \quad x = c\left(\dfrac{c}{a}\right)^{\frac{1}{3}}, \quad y = 0.$

154. $x = \pm\dfrac{a}{6^{\frac{1}{2}}}, \quad y = \dfrac{5a}{3b}.$

135. $\dfrac{m}{n} > 1$;　$x = a$,　point d'inflexion ;

la tangente en ce point est parallèle à l'axe des x.

$\dfrac{m}{n} < 1$;　$x = a$;　point d'inflexion ;

tangente perpendiculaire à l'axe des x.

136.　$r = 2^{\frac{1}{2}} a$,　$\theta = \dfrac{1}{2}$.

137.　$\cos\theta = \dfrac{b}{a}$,　$y = \dfrac{a^2 - b^2}{a}$.

§ X. — *Points singuliers autres que les points d'inflexion.*

138. (*Fig.* 13.) L'origine est un point triple ; l'une des branches touche l'axe des x ; les deux autres font avec ce même axe des angles dont les tangentes sont

$$\left(\frac{a}{b}\right)^{\frac{1}{2}} \quad \text{et} \quad -\left(\frac{a}{b}\right)^{\frac{1}{2}}.$$

139. (*Fig.* 14.) Point triple à l'origine. En ce point, $\dfrac{dy}{dx}$ a pour valeurs

$$0, \quad 2^{\frac{1}{2}}, \quad -2^{\frac{1}{2}}.$$

140. (*Fig.* 15.) Trois points doubles :

$$y = 0, \quad x = a, \quad \frac{dy}{dx} = \pm\left(\frac{4}{3}\right)^{\frac{1}{2}} ;$$

$$y = 0, \quad x = -a, \quad \frac{dy}{dx} = \pm\left(\frac{4}{3}\right)^{\frac{1}{2}} ;$$

$$y = -a, \quad x = 0, \quad \frac{dy}{dx} = \pm\left(\frac{2}{3}\right)^{\frac{1}{2}}.$$

141. (*Fig.* 16.) $\left(\dfrac{dy}{dx}\right)^2 = 0$, à l'origine.

142. Rebroussement de première espèce pour $x = a$.

143. Rebroussement de seconde espèce à l'origine.

144. (*Fig.* 17.)

145. (*Fig.* 18.)

146. (*Fig.* 19.) Cette équation se discute facilement au moyen d'une inconnue auxiliaire.

147. (*Fig.* 20.)

148. (*Fig.* 21.)

149. (*Fig.* 22.)

Nota. — La plupart des courbes données dans ce paragraphe sont tirées de l'*Introduction à l'analyse des lignes courbes* de Cramer.

§ XI. — *Rayons de courbure des courbes planes.*

150. $\rho^2 = \dfrac{(2a + 3x)^3 x}{3 a^3}.$

La parabole semi-cubique est la première courbe qui ait été rectifiée. Cette rectification fut trouvée presque en même temps par Van-Heuraet et Neil, en partant de la quadrature de la parabole ordinaire connue depuis Archimède.

151. $\rho = 2(2 ay)^{\frac{1}{2}} = 2\,\mathrm{MB}.$ (*Fig.* 10.)

Ce rayon de courbure s'obtient simplement par des considérations géométriques.

152. $\rho = \dfrac{y^2}{2 c}.$ La chaînette est la courbe qu'affecte un fil attaché à ses deux extrémités et soumis à l'action de la pesanteur.

153. $\rho^2 = 9(ax)^{\frac{1}{3}}.$ *Pas homogène* — $\rho = 3(a\,xy)^{\frac{1}{3}}$

154. $\rho^2 = \dfrac{a^2}{y^2}(a^2 - y^2).$ Dans cette courbe, la portion de tangente comprise entre le point de contact et l'axe des x est une quantité constante. Cette propriété lui a fait donner le nom de *courbe aux tangentes égales*. Elle porte également celui de *tractrice*.

155. $\rho = \dfrac{a^2}{3\,r}$.

Cette courbe s'obtient en projetant le centre d'une hyperbole équilatère sur toutes ses tangentes. Les propriétés dont jouissent ses arcs, relativement à la représentation des fonctions elliptiques, étudiées d'abord par Fagnani et Euler, ont été l'origine de résultats très-intéressants dus à M. Serret. (Voir *Journal* de Liouville, tome X.)

156. $\rho = a\,\dfrac{(5 \pm 4\cos\theta)^{\frac{3}{2}}}{3\,(3 \pm 2\cos\theta)}$.

157. En employant la formule $\rho = \dfrac{ds^3}{(dx\,d^2y - dy\,d^2x)}$, on trouve

$$\rho = \frac{4\,b\,(a+b)\sin\dfrac{a\theta}{b}}{a + 2\,b}.$$

Note sur les équations des courbes et sur les rayons de courbure.

Au lieu de définir une courbe par une relation entre le rayon vecteur et l'angle qu'il fait avec l'axe polaire, on peut en donner une entre ce rayon r et la perpendiculaire p abaissée du pôle sur la tangente correspondante. Cela revient à une équation différentielle entre les coordonnées polaires r et θ. Pour obtenir la valeur du rayon de courbure dans un pareil système, appelons φ l'angle de la tangente avec le rayon vecteur. On a

$$p = r\sin\varphi,$$

et

$$\frac{dp}{dr} = \sin\varphi + r\cos\varphi\,\frac{d\varphi}{dr} = \frac{r}{ds}\,(d\theta + d\varphi),$$

à cause de la relation

$$\tang\varphi = \frac{r\,d\theta}{dr}.$$

Si l'on désigne par ω l'angle de contingence, le quadrilatère formé par deux rayons vecteurs consécutifs et les tangentes correspondantes montre qu'on a

$$\omega = d\theta + d\varphi, \quad \text{et, par suite,} \quad \rho = r\,\frac{dr}{dp}.$$

L'équation $p = mr$ représente une spirale logarithmique (n° 150). On trouve

$$\rho = \frac{r}{m}.$$

Pour les spirales de Côtes, dont l'équation est

$$p = \frac{br}{(a^2 + r^2)^{\frac{1}{2}}},$$

$$\rho = \frac{r(a^2 + b^2)^{\frac{3}{2}}}{a^2 b}.$$

XII. — *Développées des courbes planes.*

158. L'équation de l'hyperbole est $xy = m^2$; α et β étant les coordonnées du centre de courbure

$$2\alpha = 3x + \frac{y^2}{x}, \quad 2\beta = 3y + \frac{x^2}{y};$$

et, par suite,

$$2(\alpha + \beta) = \frac{(x + y)^3}{m^2},$$

d'où

$$x + y = (2m^2)^{\frac{1}{3}}(\alpha + \beta)^{\frac{1}{3}},$$

$$x - y = (2m^2)^{\frac{1}{3}}(\alpha - \beta)^{\frac{1}{3}}.$$

On en conclut

$$(\alpha + \beta)^{\frac{2}{3}} - (\alpha - \beta)^{\frac{2}{3}} = (4m)^{\frac{2}{3}}.$$

159. La marche adoptée dans le numéro précédent peut servir ici, mais on obtient plus vite le résultat par la méthode suivante, où l'on considère la développée comme le lieu des intersections successives des normales à l'ellipse.

α et β étant les coordonnées courantes de la normale, cette dernière a pour équation

$$\frac{a^2 \alpha}{x} - \frac{b^2 \beta}{y} = a^2 - b^2.$$

Pour le point infiniment voisin du point (x, y), on a

$$\frac{a^2 \alpha}{x^2} \, dx - \frac{b^2 b}{y^2} \, dy = 0,$$

et d'ailleurs l'équation de l'ellipse nous donne

$$\frac{x dx}{a^2} + \frac{y dy}{b^2} = 0.$$

Désignant par λ un multiplicateur indéterminé, il vient

$$\lambda \frac{x}{a^2} = \frac{a^2 \alpha}{x^2}, \quad \lambda \frac{y}{b^2} = -\frac{b^2 \beta}{y^2},$$

et, par suite,

$$\lambda \left(\frac{x^2}{a^2} + \frac{y^2}{b^2} \right) = \lambda = a^2 - b^2.$$

Donc

$$x = \frac{a \left(a \alpha \right)^{\frac{1}{3}}}{\left(a^2 - b^2 \right)^{\frac{1}{3}}}, \quad y = \frac{- b \left(b \beta \right)^{\frac{1}{3}}}{\left(a^2 - b^2 \right)^{\frac{1}{3}}},$$

et en substituant dans l'équation de l'ellipse

$$\left(a \alpha \right)^{\frac{2}{3}} + \left(b \beta \right)^{\frac{2}{3}} = \left(a^2 - b^2 \right)^{\frac{2}{3}}.$$

160. $\quad \alpha = -\left(x + \frac{3 x^2}{2 a} \right), \quad \beta = 4 (a + x) \left(\frac{x}{3 a} \right)^{\frac{1}{2}};$

on trouve

$$81 \, a \beta^2 = 16 \left[2 a \pm \left(a^2 - 6 a x \right)^{\frac{1}{2}} \right]^2 \left[\pm \left(a^2 - 6 a x \right)^{\frac{1}{2}} - a \right].$$

161. $\quad \alpha = x + 3 \left(x y^2 \right)^{\frac{1}{3}}, \quad \beta = y + 3 \left(x^2 y \right)^{\frac{1}{3}};$

d'où

$$\alpha + 6 = \left(x^{\frac{1}{3}} + y^{\frac{1}{3}}\right)^3,$$

$$\alpha - 6 = \left(x^{\frac{1}{3}} - y^{\frac{1}{3}}\right)^3.$$

Tirant de là $x^{\frac{1}{3}}$ et $y^{\frac{1}{3}}$, puis substituant dans l'équation de la courbe, il vient

$$(\alpha + 6)^{\frac{2}{3}} + (\alpha - 6)^{\frac{2}{3}} = 2\,a^{\frac{2}{3}}.$$

162. On trouve tout de suite

$$y - 6 = 2y, \quad \text{d'où} \quad y = -6.$$

Or

$$\frac{dy}{dx} = -\frac{d\alpha}{d6} = \frac{(2ay - y^2)^{\frac{1}{2}}}{y};$$

donc enfin

$$\frac{d(-\beta)}{d\alpha} = \frac{(-6)}{[2a(-6) - (-6)^2]^{\frac{1}{2}}},$$

équation différentielle d'une cycloïde égale à la proposée, mais inversement placée par rapport aux axes.

On peut, d'ailleurs, trouver géométriquement cette développée, en remarquant que si l'on prolonge MB d'une quantité égale Bm, elle n'est autre que le lieu des points m (*voir* n° **127**), *fig.* 10. Si l'on mène une parallèle à l'axe de x, au-dessous de cet axe et à une distance marquée par le diamètre du cercle générateur de la première cycloïde, on aura la base de la seconde qui a son sommet au point A, et qui rencontre sa base sur le prolongement de C′B′.

163. $6 = \dfrac{a^2}{y^2}$; $\dfrac{d\alpha}{d6} = \dfrac{a}{(6^2 - a^2)^{\frac{1}{2}}}$; il est facile de voir que c'est là l'équation différentielle de la chaînette.

164. $x - a = -(c + x)$;

donc

$$2c\frac{d6}{d\alpha} + [(\alpha + c)^2 - 4c^2]^{\frac{1}{2}} = 0);$$

telle est l'équation différentielle de la développée de la chaînette.

165. $\quad y - b = -\dfrac{a^2 + y^2}{y}, \quad$ d'où $\quad y = \dfrac{6 \pm (6^2 - 8a^2)^{\frac{1}{2}}}{4},$

et, par suite,

$$4a\,\frac{d\alpha}{d6} + 6 \pm (6^2 - 8a^2)^{\frac{1}{2}} = 0.$$

166. Nous prendrons l'équation de la courbe sous la forme $p = mr$. (*Voir* note du n° **157.**)

Si p', r' sont les coordonnées d'un point de la développée d'une courbe quelconque, on voit sans peine qu'on a généralement

$$r'^2 = r^2 + p^2 - 2p\rho, \quad p'^2 = r^2 - p^2,$$

avec la relation connue $\rho = r\dfrac{dr}{dp}.$

Au moyen de ces équations et de celle de la courbe $p = f(r)$, on éliminera ρ, r et p; le résultat sera l'équation de la développée.

Pour la spirale logarithmique, ce calcul nous donne

$$p' = mr',$$

équation d'une spirale égale à la proposée.

Il peut arriver que la spirale logarithmique soit à elle-même sa propre développée. Cherchons la condition nécessaire pour cela. O étant le pôle, M un point de la courbe, N le point correspondant de la développée qu'on suppose appartenir aussi à la spirale, les lignes OM et ON sont perpendiculaires; c'est une conséquence de ce théorème que la tangente fait un angle constant avec le rayon vecteur. Il résulte de là que si $r = e^{\frac{\theta}{a}}$ est l'équation de la courbe, r' le rayon vecteur de la développée, on a

$$r = e^{\frac{\theta}{a}}, \quad r' = e^{\frac{\theta}{a} + \frac{(2k+1)\pi}{2a}}.$$

On trouve aussi, en s'appuyant sur le théorème rappelé,

$$r = ar'; \quad \text{donc} \quad a^a = c^{-\frac{(2k+1)\pi}{2}}.$$

Telle est la condition nécessaire et suffisante pour qu'une spirale logarithmique soit sa propre développée.

Cette courbe se reproduit de plusieurs autres manières. Sa développante, ses caustiques par réflexion et par réfraction en supposant le point lumineux au pôle, le lieu du pôle d'une spirale roulant sur une spirale fixe égale, sont des courbes égales à la proposée. Jacques Bernoulli, frappé de ces propriétés remarquables, appelle cette courbe *spira mirabilis*. Il voit en elle le type de la constance, le symbole de la résurrection. Voici le curieux passage où il témoigne son enthousiasme : « Cum autem ob proprietatem tam sin-
» gularem tamque admirabilem mire mihi placeat spira
» hæc mirabilis, sic ut ejus contemplatione satiari vix
» queam, cogitavi illam ad res varias symbolice repræsen-
» tandas non inconcinne adhiberi posse. Quoniam enim
» semper similem et eamdem spiram gignit, utcumque
» volvatur, evolvatur, radiet, hinc poterit esse vel sobolis
» parentibus per omnia similis emblema : *simillima filia*
» *matri*..... Aut, si mavis, quia curva nostra mirabilis
» in ipsa mutatione semper sibi constantissime manet simi-
» lis et numero eadem, poterit esse vel fortitudinis et con-
» stantiæ in adversitatibus, vel etiam carnis nostræ, post
» varias alterationes et tandem ipsam quoque mortem,
» ejusdem numero resurrecturæ symbolum ; adeo quidem
» ut si Archimedem imitandi hodienum consuetudo obti-
» neret, libenter spiram hanc tumulo meo juberem incidi
» cum epigraphe : *Eadem mutata resurget.* »

167. L'épicycloïde a pour équations

$$(1) \quad \begin{cases} x = (a + b)\cos\theta - b\cos\dfrac{(a + b)\theta}{b}, \\[2mm] y = (a + b)\sin\theta - b\sin\dfrac{(a + b)\theta}{b}. \end{cases}$$

Cherchons d'abord l'équation de cette courbe au moyen des coordonnées p et r (n° 157). On tire des équations (1)

$$(2) \qquad r^2 = a^2 + 4b(a+b)\sin^2\frac{a\theta}{2};$$

et, après les avoir différentiées,

$$ds = 2(a+b)\sin\frac{a\theta}{2}\,d\theta;$$

par suite

$$\frac{dr}{ds} = \frac{a\cos\dfrac{a\theta}{2b}}{r} = \cos\varphi,$$

φ étant l'angle de la tangente avec le rayon vecteur. On déduit de là

$$(3) \qquad p^2 = r^2\sin^2\varphi = r^2 - a^2\cos^2\frac{a\theta}{2b}.$$

L'élimination de θ entre (2) et (3) conduit à l'équation

$$p^2 = \frac{c^2(r^2 - a^2)}{c^2 - a^2},$$

en posant

$$c^2 = a^2 + 4b(a+b) = (a+2b)^2.$$

La méthode du n° 157 donne

$$\rho = \frac{c^2 - a^2}{c^2}p, \quad p'^2 = \frac{a^2(c^2 - r^2)}{c^2 - a^2}, \quad r'^2 = \frac{a^2}{c^2}(a^2 + c^2 - r^2),$$

et, par suite,

$$p'^2 = \frac{c^2\left(r'^2 - \dfrac{a^4}{c^2}\right)}{c^2 - a^2}$$

pour l'équation de la développée; c'est une autre épicycloïde.

§ XIII. — *Géométrie à trois dimensions.*

168. L'équation de l'ellipsoïde étant

$$\frac{X^2}{a^2} + \frac{Y^2}{b^2} + \frac{Z^2}{c^2} = 1,$$

on aura pour celle du plan tangent au point (x, y, z),

$$(1) \qquad \frac{X x}{a^2} + \frac{Y y}{b^2} + \frac{Z z}{c^2} = 1,$$

avec la relation

$$(2) \qquad \frac{x^2}{a^2} + \frac{y^2}{b^2} + \frac{z^2}{c^2} = 1.$$

Les équations d'une perpendiculaire à ce plan, menée par l'origine, peuvent s'écrire

$$(3) \qquad \frac{a\,X}{\left(\dfrac{x}{a}\right)} = \frac{b\,Y}{\left(\dfrac{y}{b}\right)} = \frac{c\,Z}{\left(\dfrac{z}{c}\right)}.$$

Pour éliminer x, y, z entre les équations (1), (2), (3), remarquons que la valeur commune des rapports (3) est

$$\left(a^2 X^2 + b^2 Y^2 + c^2 Z^2\right)^{\frac{1}{2}}.$$

Par conséquent,

$$\frac{a\,X}{\left(\dfrac{x}{a}\right)} \cdot X\frac{x}{a^2} + \frac{b\,Y}{\left(\dfrac{y}{b}\right)} Y\frac{y}{b^2} + \frac{c\,Z}{\left(\dfrac{z}{c}\right)} Z\frac{c^2}{z} = \left(a^2 X^2 + b^2 Y^2 + c^2 Z^2\right)^{\frac{1}{2}}.$$

On en conclut

$$X^2 + Y^2 + Z^2 = \left(a^2 X^2 + b^2 Y^2 + c^2 Z^2\right)^{\frac{1}{2}}.$$

C'est l'équation de la *surface d'élasticité* dans la théorie des ondes. (*Voir* n° **117**).

169. Le plan tangent a pour équation

$$(1) \qquad (a^2 - z^2)x\,X - b^2 y\,Y - x^2 z\,Z + x^2 z^2 = 0.$$

Pour déterminer son intersection avec la surface, il faut combiner l'équation (1) avec la suivante :

$$(2) \qquad (a^2 - Z^2)X^2 - b^2 Y^2 = 0,$$

sachant qu'on a d'ailleurs

$$(3) \qquad (a^2 - z^2)x^2 - b^2 y^2 = 0.$$

Si l'on élimine y et Y entre ces trois équations, on trouve

$$(a^2 - z^2)(a^2 - Z^2)^{\frac{1}{2}} X = xz(z - Z) + (a^2 - z^2)X;$$

et, par suite,

$$(a^2 - z^2)(z^2 - Z^2)X^2 = x^2 z^2 (z - Z)^2 + 2xz(a^2 - Z^2)(z - Z)X.$$

Cette équation peut s'écrire

$$(z - Z)\left\{ (a^2 - z^2)\left[X^2(z + Z) - 2xzX \right] - x^2 z^2 (z - Z) \right\} = 0;$$

il en résulte que le plan tangent coupe la surface suivant deux lignes, l'une du premier ordre et l'autre du troisième.

La surface considérée ici est un conoïde dont la génératrice est parallèle au plan xy, et touche constamment le cercle qui a pour équations

$$x = b, \quad z^2 + y^2 = a^2.$$

Elle porte le nom de *coin conique de Wallis*.

170. Équation du plan tangent :

$$h(xY - yX) + 2\pi(x^2 + y^2)Z = 2\pi z (x^2 + y^2).$$

La distance demandée est

$$p = \frac{2\pi rz}{(h^2 + 4\pi^2 r^2)^{\frac{1}{2}}};$$

en posant $x^2 + y^2 = r^2$.

171. Soit, pour abréger, $F(x, y, z) = 0$ l'équation

de la surface; il faut démontrer que

$$\frac{d\mathrm{F}}{dz}\left[\left(\frac{d\mathrm{F}}{dx}\right)^2 + \left(\frac{d\mathrm{F}}{dy}\right)^2 + \left(\frac{d\mathrm{F}}{dz}\right)^2\right]^{-\frac{1}{2}}$$

est une quantité constante.

Posons

$$\frac{2\pi z}{h} - \frac{(x^2 + y^2 - a^2)^{\frac{1}{2}}}{a} = 0;$$

on a

$$\frac{d\mathrm{F}}{dx} = \sin\theta - \frac{x(x\cos\theta - y\sin\theta)}{a(x^2 + y^2 - a^2)^{\frac{1}{2}}},$$

$$\frac{d\mathrm{F}}{dy} = \cos\theta - \frac{y(x\cos\theta - y\sin\theta)}{a(x^2 + y^2 - a^2)^{\frac{1}{2}}}, \quad \frac{d\mathrm{F}}{dz} = \frac{2\pi}{h}(x\cos\theta - y\sin\theta).$$

Or

$$(x\cos\theta - y\sin\theta)^2 = x^2 + y^2 - a^2,$$

en vertu de l'équation de la surface. On déduit de là, pour l'expression cherchée,

$$\frac{2\pi a}{(h^2 + 4\pi^2 a^2)^{\frac{1}{2}}};$$

l'inclinaison sur le plan xy est donc constante et égale à celle de la tangente à l'hélice directrice sur le même plan.

172. Équation du plan tangent :

$$(2r^2 - a^2)x\,\mathrm{X} + (2r^2 - b^2)y\,\mathrm{Y} + (2r^2 - c^2)z\,\mathrm{Z} = r^4,$$

en posant

$$x^2 + y^2 + z^2 = r^2.$$

La distance cherchée a pour expression

$$\frac{x^2 + y^2 + z^2)^2}{(a^4 x^2 + b^4 y^2 + c^4 z^2)^{\frac{1}{2}}}.$$

173. (*Fig.* 23.) Soient M un point du lieu, H et K les

points fixes dans le plan xy, C le milieu de HK, O le centre de la sphère, dont nous supposerons le rayon égal à 1, MP un arc de grand cercle perpendiculaire à HK; et posons

$$MH + MK = 2\alpha, \quad HC = CK = \gamma,$$
$$MP = \theta, \quad CP = \varphi.$$

L'angle P étant droit, la formule fondamentale de la Trigonométrie sphérique nous donne

$$\cos MK = \cos\theta \cos(\gamma - \varphi),$$
$$\cos MH = \cos\theta \cos(\gamma + \varphi);$$

d'où l'on tire

$$\cos \frac{MH - MK}{2} = \frac{\cos\theta \cos\varphi \cos\gamma}{\cos\alpha},$$
$$\sin \frac{MH - MK}{2} = \frac{\cos\theta \sin\varphi \sin\gamma}{\sin\alpha};$$

par suite,

$$1 = \cos^2\theta \left(\frac{\cos^2\gamma}{\cos^2\alpha} \cos^2\varphi + \frac{\sin^2\gamma}{\sin^2\alpha} \sin^2\varphi \right).$$

Or il est facile de voir sur la figure qu'on a

$$x = \cos\theta \sin\varphi, \quad y = \cos\theta \cos\varphi;$$

par conséquent,

$$\frac{\sin^2\gamma}{\sin^2\alpha} x^2 + \frac{\cos^2\gamma}{\cos^2\alpha} y^2 = 1.$$

Si le rayon de la sphère est r, la projection de la courbe cherchée sur le plan xy a pour équation

$$\frac{\sin^2\gamma}{\sin^2\alpha} x^2 + \frac{\cos^2\gamma}{\cos^2\alpha} y^2 = r^2;$$

la courbe résulte donc de l'intersection de la sphère avec un cylindre.

En combinant la dernière équation avec celle de la sphère

$$x^2 + y^2 + z^2 = r^2,$$

on en déduit

$$\cos^2 \gamma \, x^2 + (1 - \operatorname{tang}^2 \alpha \cos^2 \gamma) \, y^2 + z^2 = r^2 \cos^2 \alpha,$$

ou bien

$$\frac{x^2}{a^2} + \frac{y^2}{b^2} + \frac{z^2}{c^2} = 1,$$

en posant

$$a^2 = \frac{r^2 \cos^2 \alpha}{\cos^2 \gamma}, \qquad b^2 = \frac{r^2 \cos^2 \alpha}{1 - \operatorname{tang}^2 \alpha \cos^2 \gamma}, \qquad c^2 = r^2 \cos^2 \alpha.$$

La tangente a pour équations

$$\frac{x\,(X-x)}{a^2(b^2-c^2)} = \frac{y\,(Y-y)}{b^2(c^2-a^2)} = \frac{z\,(Z-x)}{c^2(a^2-b^2)};$$

celle du plan normal sera donc

$$a^2(b^2-c^2)\frac{X-x}{x} + b^2(c^2-a^2)\frac{Y-y}{y} + c^2(a^2-b^2)\frac{Z-z}{z} = 0.$$

La courbe que nous venons de trouver s'appelle l'*ellipse sphérique*. Pour étudier les courbes tracées comme celle-ci sur la sphère, il est avantageux d'employer un système de coordonnées pris sur la sphère même. Consulter à ce sujet le *Journal* de Crelle, tomes VI et XIII, les *Transactions philosophiques*, vol. XII, les *Nouvelles Annales de Mathématiques*, tomes VI et VII, et divers travaux de MM. Chasles, Gudermann, Borgnet, etc.

174. En prenant z pour variable indépendante, on trouve

$$b^2 x^3 X - a^2 y^3 Y + (a^2 - b^2) z^3 Z = a^2 b^2 (a^2 - b^2).$$

175. Soient M le point mobile, O le centre de la sphère pris pour origine des coordonnées, OZ la direction du diamètre fixe, a le rayon de la sphère, p la projection de OM sur le plan XY, φ l'angle de OM avec sa projection, θ celui du plan mobile avec le plan ZX; on a immédiatement, quel que soit le rapport de φ à θ,

$$\cos \varphi = \frac{p}{a}, \quad \cos \theta = \frac{x}{p}.$$

Dans le cas particulier où $\varphi = \theta$, on trouve

$$x^2 + y^2 = ax.$$

La courbe cherchée résulte donc de l'intersection de la sphère donnée avec un cylindre. On peut aussi la représenter par l'un quelconque des trois systèmes :

$$\left. \begin{array}{l} x^2 + y^2 = ax, \\ z^2 = a(a - x). \end{array} \right\} \qquad \left. \begin{array}{l} x^2 + y^2 = ax, \\ z^4 = a^2(z^2 - y^2). \end{array} \right\} \qquad \left. \begin{array}{l} z^2 = a(a - x), \\ z^4 = a^2(z^2 - y^2). \end{array} \right\}$$

Posant $a = 2r$, on trouve

$$\frac{d^2 x}{ds^2} = \frac{4r(r - x) - x^2}{r(2r + x)^2}, \quad \frac{d^2 y}{ds^2} = - \frac{y(5r + x)}{r(2r + x)^2},$$

$$\frac{d^2 z}{ds^2} = - \frac{z}{(2r + x)^2};$$

par suite

$$\rho = \frac{(a + x)^{\frac{3}{2}}}{(5a + 3x)^{\frac{1}{2}}}.$$

En prenant x pour variable indépendante, l'équation du plan osculateur est

$$[2xy^2 - a(y^2 - z^2)]X + 2y^3 Y + 2z^3 Z = a^2 z^2 + 2ax(y^2 - z^2).$$

176. L'équation de ce plan est assez compliquée, mais si l'on pose

$$a^2(c^2 - b^2) = A, \quad b^2(a^2 - c^2) = B, \quad c^2(b^2 - a^2) = C,$$

et

$$Bz^2 - Cy^2 = L, \quad Cx^2 - Az^2 = M, \quad Ay^2 - Bx^2 = N,$$

elle prend la forme très-symétrique.

$$\frac{\mathrm{L}x^3}{\mathrm{A}}(\mathrm{X}-x)+\frac{\mathrm{M}y^3}{\mathrm{B}}(\mathrm{Y}-y)+\frac{\mathrm{N}z^3}{\mathrm{C}}(\mathrm{Z}-z)=0.$$

177. On arrive à l'équation

$$\rho^2-[a^2+b^2+c^2-(x^2+y^2+z^2)]\frac{\rho}{p}+\frac{a^2b^2c^2}{p^4}=0,$$

en posant

$$p=\left(\frac{x^2}{a^4}+\frac{y^2}{b^4}+\frac{z^2}{c^4}\right)^{-\frac{1}{2}}.$$

Comme p est la distance du centre au plan tangent, le dernier terme de l'équation fait voir que pour tous les points dont les plans tangents sont également éloignés du centre, le produit des rayons de courbure principaux est constant.

178. $\quad \rho^2-(a+b+4x)\dfrac{x}{4p}\rho+\dfrac{abx^4}{4p^4}=0.$

p a la même signification que dans le numéro précédent.

179. $\quad \rho^2+2(x^2+y^2+z^2)\dfrac{\rho}{p}+\dfrac{27\,m^6}{p^4}=0.$

p représente la distance de l'origine au plan tangent.

180 $\quad n^2\rho-[1+n^2(x^2+y^2)]^2=0.$

Les deux rayons de courbure sont égaux et de signe contraire en chaque point.

§ XIV. — *Enveloppe des lignes et des surfaces.*

181. k désignant une constante, l'équation générale de ces ellipses sera

$$\frac{x^2}{a^2}+\frac{y^2}{(k-a)^2}=1.$$

En différentiant par rapport à a, on trouve

$$a=\frac{kx^{\frac{2}{3}}}{x^{\frac{2}{3}}+y^{\frac{2}{3}}},\qquad k-a=\frac{ky^{\frac{2}{3}}}{x^{\frac{2}{3}}+y^{\frac{2}{3}}};$$

et, par suite,

$$x^{\frac{2}{3}} + y^{\frac{2}{3}} = k^{\frac{2}{3}}.$$

C'est l'équation demandée. (*Voir* n°s 126 et 127.)

182. Soient k la longueur de la ligne, a et b les longueurs qu'elle intercepte sur chacun des axes coordonnés, à partir de l'origine; son équation sera

$$\frac{x}{a} + \frac{y}{b} = 1,$$

avec la condition $a^2 + b^2 = k^2$. Différentiant ces deux équations par rapport aux deux paramètres a et b, et désignant par λ un multiplicateur indéterminé, il vient

$$\lambda \frac{x}{a^2} = a, \quad \lambda \frac{y}{b^2} = b,$$

et aussi

$$\lambda \left(\frac{x}{a} + \frac{y}{b} \right) = \lambda = k^2 ;$$

par conséquent l'enveloppe a pour équation

$$x^{\frac{2}{3}} + y^{\frac{2}{3}} = k^{\frac{2}{3}} ;$$

c'est l'épicycloïde du numéro précédent.

183. On trouve

$$x^2 = 4 c (c - y).$$

C'est l'équation de l'enveloppe des paraboles que décrit un projectile lancé dans le vide avec une vitesse constante, mais sous une inclinaison variable. Fatio proposa ce problème à Jean Bernoulli, qui le résolut; ce fut le premier exemple de la détermination de l'enveloppe d'une suite de lignes courbes.

184. $\quad y^2 = 4 m (x + m).$

185. x', y' étant les coordonnées de l'extrémité d'un dia-

mètre, celles de son conjugué seront

$$-\frac{a}{b}y', \qquad \frac{b}{a}x',$$

et l'équation de la ligne qui joint ces deux points

$$bx'(ay+bx)+ay'(ay-bx)-a^2b^2=0.$$

L'enveloppe est une autre ellipse qui a pour équation

$$\frac{2x^2}{a^2}+\frac{2y^2}{b^2}=1.$$

186. Soit

$$(1)\qquad Ax^2+2Bxy+Cy^2+2Dx+2Ey+1=0,$$

l'équation de la première courbe. Pour plus de simplicité nous supposerons que la seconde est une ellipse qui a pour équation

$$\frac{x^2}{a^2}+\frac{y^2}{b^2}=1.$$

α, β désignant les coordonnées d'un point de (1), la corde de contact correspondante dans l'ellipse est donnée par l'équation

$$(2)\qquad \frac{\alpha x}{a^2}+\frac{\beta y}{b^2}=1;$$

on a aussi

$$(3)\qquad A\alpha^2+2B\alpha\beta+C\beta^2+2D\alpha+2E\beta+1=0.$$

En différentiant les relations (2) et (3) et nommant λ un multiplicateur indéterminé, on trouve

$$\lambda\frac{x}{a^2}+A\alpha+B\beta+D=0,$$

$$\lambda\frac{y}{b^2}+B\alpha+C\beta+E=0.$$

Il en résulte

$$\lambda=D\alpha+E\beta+1.$$

Subtituons cette valeur dans les deux équations précédentes, puis éliminons α et β; il viendra

$$(4) \quad \left\{ \begin{array}{l} (C - E^2)\dfrac{x^2}{a^4} - 2(B - DE)\dfrac{xy}{a^2 b^2} + (A - D^2)\dfrac{y^2}{b^4} \\[2ex] + 2(CD - DE)\dfrac{x}{a^2} + 2(AE - BD)\dfrac{y}{b^2} + AC - B^2 \end{array} \right\} = 0.$$

On sait que la courbe (4) et la courbe (1) sont dites *polaires réciproques*.

187. Prenons pour origine le sommet du parallélipipède qui appartient au tétraèdre, pour axes les arêtes qui passent en ce point; appelons a, b, c les longueurs interceptées sur ces arêtes à partir du sommet; l'équation du plan sera

$$\frac{x}{a} + \frac{y}{b} + \frac{z}{c} = 1,$$

avec la condition

$$abc = m^3 = \text{const.}$$

L'enveloppe a pour équation

$$xyz = \frac{m^3}{27}.$$

188. On a l'équation

$$(x - a)^2 + (y - b)^2 = r^2,$$

avec la condition

$$a^2 + b^2 = c^2 = \text{const.}$$

Si λ est un multiplicateur indéterminé, on trouve les relations

$$\lambda a + x - a = 0, \quad \lambda b + y - b = 0;$$

d'où

$$\frac{x}{a} = \frac{y}{b},$$

et aussi

$$\lambda c^2 + ax + by - c^2 = 0.$$

Mais

$$\frac{ax + by}{a^2 + b^2} = \frac{ax + by}{c^2} = \pm \frac{(x^2 + y^2)^{\frac{1}{2}}}{c} \, ;$$

l'équation cherchée est donc

$$\left[c \pm (x^2 + y^2)^{\frac{1}{2}} \right]^2 = r^2 - z^2.$$

C'est l'équation du *tore*.

189. $x^2 + y^2 = c^2 z^2$, équation du cône donné ; $lx + my + nz = p$, équation du plan variable, dans laquelle l, m, n sont les cosinus des angles qu'il fait avec les plans coordonnés, et p la distance de l'origine à ce plan ;

$$(x^2 + y^2)^{\frac{1}{2}} = \frac{cp}{n} - \frac{c (lx + my)}{n}$$

sera l'équation de la courbe suivant laquelle se projette l'intersection du cône et du plan. La valeur de $(x^2 + y^2)^{\frac{1}{2}} = r$ fait voir que l'origine est un foyer de cette projection. Comparons-la avec l'équation

$$r = \frac{a (1 - c^2)}{1 + e \cos (\theta - \alpha)} ;$$

qui est celle des sections coniques en coordonnées polaires, le pôle étant au foyer. Comme cette dernière peut s'écrire :

$$r + re \cos \theta \cos \alpha + re \sin \theta \sin \alpha = a (1 - e^2),$$

ou bien

$$(x^2 + y^2)^{\frac{1}{2}} = a (1 - e^2) - ex \cos \alpha - ey \sin \alpha,$$

on a

$$a (1 - c^2) = \frac{cp}{n}, \quad e^2 = \frac{c^2 (l^2 + m^2)}{n^2}.$$

On en conclut que l'aire de la projection est

$$\frac{\pi n \, c^2 p^2}{[n^2 - c^2 (l^2 + m^2)]^{\frac{3}{2}}},$$

et celle de la section même,

$$\frac{\pi c^2 p^2}{\left[n^2 - c^2 (l^2 + m^2) \right]^{\frac{3}{2}}}.$$

Le cône oblique détaché a donc pour expression

$$\frac{\pi c^2}{3} \frac{p^3}{\left[n^2 (1 + c^2) - c^2 \right]^{\frac{3}{2}}}.$$

Cette quantité devant être constante, posons-la égale à $\frac{\pi c^2}{3} a^2$, et la question se ramène à trouver l'enveloppe du plan

$$lx + my + nz = a \left[n^2 (1 + c^2) - c^2 \right]^{\frac{1}{2}},$$

l, m, n étant liées par la relation

$$l^2 + m^2 + n^2 = 1.$$

On trouve

$$c^2 z^2 - (x^2 + y^2) = a^2 c^2,$$

équation d'un hyperboloïde de révolution à deux nappes.

190. $\dfrac{x^2}{a^2} + \dfrac{y^2}{b^2} + \dfrac{z^2}{c^2} = 1$, équation de l'ellipsoïde;

$lx + my + nz = p$, équation du plan sécant;

$\dfrac{\mathrm{X} x}{a^2} + \dfrac{\mathrm{Y} y}{b^2} + \dfrac{\mathrm{Z} z}{c^2} = 1$, équation du plan tangent.

En différentiant ces trois équations par rapport à x, y, z, et désignant par λ et μ deux coefficients indéterminés, on a

$$\lambda \frac{x}{a^2} + \mu \frac{\mathrm{X}}{a^2} + l = 0,$$

$$\lambda \frac{y}{b^2} + \mu \frac{\mathrm{Y}}{b^2} + m = 0, \quad \lambda \frac{z}{c^2} + \mu \frac{\mathrm{Z}}{c^2} + n = 0,$$

et, par suite,

$$\lambda + \mu + p = 0.$$

On déduit de là

$$\mu\,(X - x) = px - a^2 l, \qquad \mu\,(Y - y) = py - b^2 m,$$
$$\mu\,(Z - z) = pz - c^2 n;$$

ce qui donne

$$(1) \qquad \frac{X - x}{px - a^2 l} = \frac{Y - y}{py - b^2 m} = \frac{Z - z}{pz - c^2 n}.$$

Soit k la valeur commune de ces trois rapports; multipliant les deux termes de chacun d'eux respectivement par $\dfrac{X}{a^2}$, $\dfrac{Y}{b^2}$, $\dfrac{Z}{c^2}$, on trouve facilement

$$k = \frac{\dfrac{X^2}{a^2} + \dfrac{Y^2}{b^2} + \dfrac{Z^2}{c^2} - 1}{p - (l X + m Y + n Z)}.$$

Multiplions encore les deux termes de chacun des rapports (1) respectivement par l, m, n, on en déduira

$$k = \frac{p - (l X + m Y + n Z)}{a^2 l^2 + b^2 m^2 + c^2 n^2};$$

et par conséquent l'équation demandée sera

$$\frac{x^2}{a^2} + \frac{y^2}{b^2} + \frac{z^2}{c^2} - 1 = \frac{(l x + m y + n z - p)^2}{a^2 l^2 + b^2 m^2 + c^2 n^2 - p^2}.$$

191. λ et μ étant des multiplicateurs indéterminés, les conditions de la question nous donnent

$$(1) \qquad \lambda x = \mu l + \frac{l}{p^2 - a^2},$$

$$(2) \qquad \lambda y = \mu m + \frac{m}{p^2 - b^2},$$

$$(3) \qquad \lambda z = \mu n + \frac{n}{p^2 - c^2},$$

$$(4) \qquad \lambda = p \left[\frac{l^2}{(p^2 - a^2)^2} + \frac{m^2}{(p^2 - b^2)^2} + \frac{n^2}{(p^2 - c^2)^2} \right].$$

De (1), (2) et (3) on tire $\lambda p = \mu$, et aussi

$$\lambda\,(x^2 + y^2 + z^2) = \lambda r^2 = \mu p + \frac{l x}{p^2 - a^2} + \frac{m y}{p^2 - b^2} + \frac{n z}{p^2 - c^2}.$$

Les mêmes équations, élevées au carré et ajoutées, nous donnent

$$\lambda^2 r^2 = \mu^2 + \frac{l^2}{(p^2 - a^2)^2} + \frac{m^2}{(p^2 - b^2)^2} + \frac{n^2}{(p^2 - c^2)^2}.$$

On déduit de là

$$\lambda^2(r^2 - p^2) = \frac{l^2}{(p^2 - a^2)^2} + \frac{m^2}{(p^2 - b^2)^2} + \frac{n^2}{(p^2 - c^2)^2} = \frac{\lambda}{p},$$

et, par suite,

$$\lambda = \frac{1}{p(r^2 - p^2)}, \quad \mu = \frac{1}{r^2 - p^2}.$$

Ces valeurs, substituées dans (1), (2), (3), conduisent aux relations

$$\frac{x}{r^2 - a^2} = \frac{pl}{p^2 - a^2},$$

$$\frac{y}{r^2 - b^2} = \frac{pm}{p^2 - b^2},$$

$$\frac{z}{r^2 - c^2} = \frac{pn}{p^2 - c^2}.$$

En les multipliant respectivement par x, y, z, elles donnent enfin

$$\frac{x^2}{r^2 - a^2} + \frac{y^2}{r^2 - b^2} + \frac{z^2}{r^2 - c^2} = 1.$$

C'est l'équation de la surface de l'onde lumineuse qui se propage dans un milieu cristallisé. En en retranchant membre à membre l'équation

$$\frac{x^2 + y^2 + z^2}{r^2} = 1,$$

on trouve

$$\frac{a^2 x^2}{r^2 - a^2} + \frac{b^2 y^2}{r^2 - b^2} + \frac{c^2 z^2}{r^2 - c^2} = 0.$$

Telle est la forme donnée par Fresnel.

DEUXIÈME PARTIE.

CALCUL INTÉGRAL.
QUESTIONS.

§ I. — *Intégration par substitution.*

192. $\displaystyle\int \frac{x\,dx}{\left(a^4 - x^4\right)^{\frac{1}{2}}}.$

193. $\displaystyle\int \frac{x\,dx}{\left(a^4 + x^4\right)^{\frac{1}{2}}}.$

194. $\displaystyle\int \frac{x\,dx}{\left(x^2 - a^2\right)\left(b^2 - x^2\right)^{\frac{1}{2}}}.$

195. $\displaystyle\int \frac{dx}{a + bx + cx^2}.$

196. $\displaystyle\int \frac{dx}{\left(a + bx \pm cx^2\right)^{\frac{1}{2}}}.$

197. $\displaystyle\int \frac{(ax + b)\,dx}{x^2 + px + q}.$

198. $\displaystyle\int \left(\frac{1 + x}{1 - x}\right)^{\frac{1}{2}} dx.$

199. $\displaystyle\int \frac{\left(x^2 - a^2\right)^{\frac{1}{2}} dx}{x}.$

200. $\displaystyle\int \frac{\left(x^2 + a^2\right)^{\frac{1}{2}} dx}{x}.$

201. $\displaystyle\int \frac{(x+a)^{\frac{1}{2}}}{x\,(x-a)^{\frac{1}{2}}}\,dx.$

202. $\displaystyle\int \frac{dx}{(x+a)^{\frac{1}{2}}+(x+b)^{\frac{1}{2}}}.$

203. $\displaystyle\int \frac{dx}{(a+bx^2)^{\frac{3}{2}}}.$

204. $\displaystyle\int \frac{dx}{x^2\,(1-x^2)^{\frac{1}{2}}}.$

205. $\displaystyle\int \frac{dx}{(a+bx^n)^{\frac{n+1}{n}}}.$

206. $\displaystyle\int \frac{x^2\,dx}{(a^2-x^2)^{\frac{1}{2}}}.$

207. $\displaystyle\int (a^2-x^2)^{\frac{1}{2}}\,dx.$

208. $\displaystyle\int \frac{dx}{x\,(a+bx+cx^2)^{\frac{1}{2}}}.$

209. $\displaystyle\int \frac{dx}{(a+bx+cx^2)^{\frac{3}{2}}}.$

210. $\displaystyle\int \frac{x\,dx}{(a+bx+cx^2)^{\frac{3}{2}}}.$

211. $\displaystyle\int \frac{x e^x\,dx}{(1+x)^2}.$

212. $\displaystyle\int \frac{dx}{1+e^x}.$

213. $\displaystyle\int \tang^2 x\,dx.$

214. $\displaystyle\int \frac{dx}{\sin^2 x \cos^2 x}.$

215. $\displaystyle\int \frac{dx}{a\,(1+\cos x)}.$

216. $\displaystyle\int \frac{dx}{a + b \cos x}.$

217. $\displaystyle\int \frac{dx}{a \cos^2 x + b \sin^2 x}.$

218. $\displaystyle\int \frac{dx}{1 + \cos^2 x}.$

219. $\displaystyle\int \frac{\sin x \cos^2 x\, dx}{1 + a^2 \cos^2 x}.$

220. $\displaystyle\int \frac{dx}{a + b \tang x}.$

221. $\displaystyle\int \frac{\tang x\, dx}{(a + b \tang^2 x)^{\frac{1}{2}}}.$

222. $\displaystyle\int \cos x \cos 2x \cos 3x\, dx.$

§ II. — *Intégration par parties.*

223. $\displaystyle\int \frac{\arcsin x}{\left(1 - x^2\right)^{\frac{3}{2}}} dx.$

224. $\displaystyle\int \frac{\arcsin x}{\left(1 - x^2\right)^{\frac{1}{2}}} x\, dx.$

225. $\displaystyle\int \arcsin \left(\frac{x}{a + x}\right)^{\frac{1}{2}} dx.$

226. $\displaystyle\int x \arcsin \left(\frac{2a - x}{4a}\right)^{\frac{1}{2}} dx.$

227. $\displaystyle\int \arctang x\, dx.$

228. $\displaystyle\int \arctang x \, \frac{x^2}{1 + x^2}\, dx.$

229. $\displaystyle\int \frac{e^{a \arctang x}}{\left(1 + x^2\right)^{\frac{3}{2}}} dx.$

230. $\displaystyle\int \frac{e^{a \arctang x}}{\left(1 + x^2\right)^{\frac{3}{2}}} x\, dx.$

§ III. — *Intégration par les fractions rationnelles.*

251. $\displaystyle\int \frac{(x^2 - x + 2)\, dx}{x^4 - 5\, x^2 + 4}.$

252. $\displaystyle\int \frac{x^p\, dx}{(x - a_1)(x - a_2)\ldots(x - a_n)}; \quad p < n.$

253. $\displaystyle\int \frac{2\, x^3 + 7\, x^2 + 6\, x + 2}{x^4 + 3\, x^3 + 2\, x^2}\, dx.$

254. $\displaystyle\int \frac{x^2\, dx}{x^3 + 5\, x^2 + 8\, x + 4}.$

255. $\displaystyle\int \frac{dx}{x^n\,(x - 1)^n}; \quad n \text{ pair.}$

256. $\displaystyle\int \frac{x^2\, dx}{x^4 + x^2 - 2}.$

257. $\displaystyle\int \frac{3\, x^2 + x - 2}{(x - 1)^3\,(x^2 + 1)}\, dx.$

258. $\displaystyle\int \frac{dx}{x^5 + 2\, x^3 + 3\, x^2}.$

259. $\displaystyle\int \frac{dx}{x^5 + x^4 + 2\, x^3 + 2\, x^2 + x + 1}.$

240. $\displaystyle\int \frac{(x^2 + 3\, x - 2)\, dx}{(x^2 - x + 1)^2\,(x - 1)^2}.$

241. $\displaystyle\int \frac{dx}{1 + x^4}.$

242. $\displaystyle\int \frac{dx}{1 - x^4}.$

243. $\displaystyle\int \frac{x^2\, dx}{1 - x^n}.$

244. $\displaystyle\int \frac{dx}{1 - x^6}.$

§ IV. — *Expressions qu'on intègre en les rendant rationnelles.*

245. $\displaystyle \int \frac{x^3\,dx}{\left(x-1\right)^{\frac{1}{2}}}.$

246. $\displaystyle \int \frac{dx}{x\left(a+bx\right)^{\frac{1}{2}}}.$

247. $\displaystyle \int \frac{dx}{x\left(bx-a\right)^{\frac{1}{2}}}.$

248. $\displaystyle \int \frac{dx}{x^3\left(x-1\right)^{\frac{1}{2}}}.$

249. $\displaystyle \int x^2\left(a^2+x^2\right)^{\frac{1}{2}}\,dx.$

250. $\displaystyle \int \frac{x\,dx}{\left(a+bx\right)^{\frac{3}{2}}}.$

251. $\displaystyle \int \left(a+bx\right)^{\frac{3}{2}}x\,dx.$

252. $\displaystyle \int \frac{x^2\,dx}{\left(a+bx\right)^{\frac{5}{2}}}.$

253. $\displaystyle \int \left(a+x\right)^{\frac{1}{3}}x\,dx.$

254. $\displaystyle \int \left(a+x\right)^{\frac{2}{3}}x^3\,dx.$

255. $\displaystyle \int \frac{x^6\,dx}{\left(1+x^2\right)^{\frac{1}{2}}}.$

256. $\displaystyle \int \frac{x^4\,dx}{\left(1-x^2\right)^{\frac{3}{2}}}.$

257. $\displaystyle \int \frac{dx}{x^2\left(a+bx^2\right)^{\frac{3}{2}}}.$

258. $\displaystyle\int\frac{dx}{\left(1+x^2\right)^{\frac{5}{2}}}.$

259. $\displaystyle\int\frac{x^2\,dx}{\left(a+bx^2\right)^{\frac{5}{2}}}.$

260. $\displaystyle\int\frac{1+x^{\frac{1}{4}}}{1+x^{\frac{1}{3}}}\,dx.$

261. $\displaystyle\int\frac{dx}{\left(2+x\right)\left(1+x\right)^{\frac{1}{2}}}.$

262. $\displaystyle\int\frac{dx}{\left(1+x^2\right)\left(1-x^2\right)^{\frac{1}{2}}}.$

263. $\displaystyle\int\frac{dx}{\left(1-x^2\right)\left(1+x^2\right)^{\frac{1}{2}}}.$

264. $\displaystyle\int\frac{dx}{\left(a+bx^2\right)^{\frac{1}{2}}\left(h+kx^2\right)}.$

265. $\displaystyle\int\frac{dx}{x\left(a+bx^n\right)^{\frac{1}{2}}}.$

266. $\displaystyle\int\frac{dx}{x\left(ax^{2n}-b\right)^{\frac{1}{2}}}.$

267. $\displaystyle\int\frac{dx}{\left(1+x\right)\left(1+x-x^2\right)^{\frac{1}{2}}}.$

268. $\displaystyle\int\frac{dx}{\left(1+x\right)\left(1-x-x^2\right)^{\frac{1}{2}}}.$

269. $\displaystyle\int X\left[x+\left(1+x^2\right)^{\frac{1}{2}}\right]dx,$

X étant une fonction rationnelle de x et de $\left(1+x^2\right)^{\frac{1}{2}}$.

270. $\displaystyle\int\frac{\left(1+x^2\right)\,dx}{\left(1-x^2\right)\left(1+x^4\right)^{\frac{1}{2}}}.$

271. $\displaystyle\int \frac{\left(1+x^4\right)^{\frac{1}{2}} dx}{1-x^4}.$

272. $\displaystyle\int \frac{x^2\, dx}{\left(1-x^4\right)\left(1+x^4\right)^{\frac{1}{2}}}.$

273. $\displaystyle\int \frac{dx}{\left(1+x^4\right)\left[\left(1+x^4\right)^{\frac{1}{2}}-x^2\right]^{\frac{1}{2}}}.$

274. $\displaystyle\int \frac{dx}{\left(1+x^6\right)\left[\left(1+x^6\right)^{\frac{1}{3}}-x^2\right]^{\frac{1}{2}}}.$

275. $\displaystyle\int \frac{dx}{\left(1-x^m\right)\left(2\,x^m-1\right)^{\frac{1}{2m}}}.$

276. $\displaystyle\int \frac{x^{m-2}\, dx}{\left(1-x^m\right)\left(2\,x^m-1\right)^{\frac{1}{2m}}}.$

§ V. — *Intégration par réduction successive.*

277. $\displaystyle\int \frac{dx}{\left(a^2+x^2\right)^n}.$

278. $\displaystyle\int \frac{x^n\, dx}{\left(a^2+x^2\right)^p}.$

279. $\displaystyle\int \left(a^2-x^2\right)^{\frac{n}{2}}$; n impair.

280. $\displaystyle\int \frac{dx}{x^n\left(x^2-1\right)^{\frac{1}{2}}}.$

281. $\displaystyle\int \frac{dx}{x^n\left(x^2+1\right)^{\frac{1}{2}}}.$

282. $\displaystyle\int \frac{x^n\, dx}{\left(a+bx\right)^{\frac{1}{2}}}.$

283. $\displaystyle\int \frac{dx}{x^n\left(a+bx\right)^{\frac{1}{2}}}.$

284. $\displaystyle \int \frac{x^n\,dx}{(a+bx)^{\frac{1}{3}}}.$

285. $\displaystyle \int \frac{x^n\,dx}{(a+bx+cx^2)^{\frac{1}{2}}}.$

286. $\displaystyle \int \frac{dx}{(a+b\cos x)^n}.$

§ VI. — *Intégration des fonctions de plusieurs variables.*

287. $\displaystyle du = \frac{dx}{(1+x^2)^{\frac{1}{2}}} + adx + 2\,by\,dy.$

288. $\displaystyle du = \frac{xy\,dy - y^2\,dx}{x^2\,(x^2+y^2)^{\frac{1}{2}}}.$

289. $\displaystyle du = \frac{dx}{(x^2+y^2)^{\frac{1}{2}}} + \frac{dy}{y} - \frac{x\,dy}{y\,(x^2+y^2)^{\frac{1}{2}}}.$

290. $\displaystyle du = (a^2 y + x^3)\,dx + (b^3 + a^2 x)\,dy.$

291. $\displaystyle du = (3xy^2 - x^2)\,dx - (1 + 6y^2 - 3x^2 y)\,dy.$

292. $\displaystyle du = \frac{a\,(x\,dx + y\,dy)}{(x^2+y^2)^{\frac{1}{2}}} + \frac{y\,dx - x\,dy}{x^2+y^2} + by^2\,dy.$

293. $\displaystyle du = \frac{y\,dy + x\,dx - 2y\,dx}{(y-x)^2}.$

294. $\displaystyle du = (\sin y + y\cos x)\,dx + (\sin x + x\cos y)\,dy.$

295. $\displaystyle du = \frac{y\,dx}{a-z} + \frac{x\,dy}{a-z} + \frac{xy\,dz}{(a-z)^2}.$

296. $\displaystyle du = \frac{x\,dx + y\,dy + z\,dz}{(x^2+y^2+z^2)^{\frac{1}{2}}} + \frac{z\,dx - x\,dz}{x^2+z^2} + z\,dz.$

297. $\displaystyle du = (y+z)\,dx + (z+x)\,dy + (x+y)\,dz.$

298. $\displaystyle du = \frac{adx - bdy}{z} + \frac{by - ax}{z^2}\,dz.$

§ VII. — *Quadrature des courbes planes.*

299. Tractrice (n° 154).

300. Cissoïde.

301. Chaînette (n° 152).

302. Développée de l'ellipse (n° 159).

303. Lemniscate (n° 155).

304. $r = a \cos \theta + b$; $a > b$.

305. $r = a \sec \theta + b$. (Conchoïde.)

306. Épicycloïde (n°ˢ 127, 167).

§ VIII. — *Rectification des courbes.*

307. $x^{\frac{2}{3}} + y^{\frac{2}{3}} = a^{\frac{2}{3}}$ (n°ˢ 126, 127).

308. Chaînette (n° 152).

309. Tractrice (n° 154).

310. Développée de l'ellipse (n° 159).

311. Épicycloïde (n°ˢ 127, 167).

312. Loxodrome. Cette courbe a pour équations,

$$(x^2 + y^2)^{\frac{1}{2}} \left(e^{n \, \text{arc tang} \frac{y}{x}} + e^{-n \, \text{arc tang} \frac{y}{x}} \right) = 2\,a,$$

$$x^2 + y^2 + z^2 = a^2.$$

§ IX. — *Cubature.*

313. Paraboloïde elliptique.

314. $c^2 z^2 = y^2 (a^2 - x^2)$.

315. $z = x \varphi \left(\frac{y}{x} \right)$. (Surface conique.)

316. Les axes de deux cylindres droits égaux se coupent rectangulairement; évaluer le volume commun à ces deux solides (n° 324).

317. Trouver la portion de sphère comprise dans un cylindre droit dont l'axe passe par le centre de là sphère.

318. Trouver la portion de sphère comprise dans un cylindre droit dont une génératrice passe par le centre de la sphère, et dont la base a pour rayon la moitié de celui de la sphère (n° 325).

319. Volume commun au paraboloïde et au cylindre qui ont pour équations

$$y^2 + z^2 = 4ax, \quad x^2 + y^2 = 2ax.$$

320. Les axes de deux cylindres droits égaux se coupent en faisant un angle α; évaluer le volume commun à ces deux solides.

321. Un plan passe par le centre de base d'un cylindre droit en faisant avec cette base l'angle α; évaluer les deux volumes qu'il détermine (n° 327).

322. Volume engendré par la cissoïde tournant autour de son asymptote.

323. Même question pour la conchoïde (n° 305.)

§ X. — *Quadrature des surfaces.*

324. Les axes de deux cylindres droits égaux se coupent rectangulairement; évaluer la portion de surface de l'un d'eux comprise dans l'autre (n° 316).

325. Trouver la portion de surface de la sphère

$$x^2 + y^2 + z^2 = a^2,$$

comprise dans le cylindre

$$x^2 + y^2 = ax. \qquad\qquad (\text{n° }318).$$

326. Les données étant celles du numéro précédent,

trouver la portion de surface cylindrique comprise dans la sphère.

327. Un plan passe par le centre de base d'un cylindre droit en faisant avec cette base un angle α; évaluer les surfaces des deux portions de cylindre ainsi obtenues (n° **521**).

328. Surface engendrée par la révolution de la tractrice autour de l'axe des x (n° **154**).

§ XI. — *Changement de variables sous le signe d'intégration.*

529. Étant données les relations

$$x + y = u, \quad y = uv,$$

transformer l'intégrale

$$\iint x^{m-1} y^{n-1}\, dx\, dy,$$

en une autre où les variables soient u et v.

530. Étant données les relations

$$x = r\cos\theta, \quad y = r\sin\theta,$$

transformer l'intégrale

$$\iint e^{x^2 + y^2}\, dx\, dy;$$

en une autre où les variables soient r et θ.

531. Étant données les relations

$$x = r\cos\theta, \quad y = r\sin\theta\sin\varphi, \quad z = r\sin\theta\cos\varphi,$$

transformer l'intégrale

$$\iiint V\, dx\, dy\, dz$$

en une autre où les variables soient r, θ et φ.

332. z étant une fonction de x et y déterminée par l'équation

$$\frac{x^2}{a^2} + \frac{y^2}{b^2} + \frac{z^2}{c^2} = 1,$$

transformer l'intégrale

$$\iiint dx\,dy \left(1 + \frac{dz^2}{dx^2} + \frac{dz^2}{dy^2}\right)^{\frac{1}{2}},$$

en une autre où les variables soient θ et φ, sachant qu'on a les relations

$$x = a \sin\theta \cos\varphi, \quad y = b \sin\theta \sin\varphi.$$

§ XII. — *Intégrales définies.*

333. $u = \displaystyle\int_0^\infty \frac{x^{n-1} - 1}{\log x}\,dx.$

334. $u = \displaystyle\int_0^1 \frac{\log(1 + x)}{1 + x^2}\,dx.$

335. $u = \displaystyle\int_0^\infty \left(e^{-\frac{a^2}{x^2}} - e^{-\frac{b^2}{x^2}}\right)\,dx.$

336. $u = \displaystyle\int_0^1 \frac{x \log x}{(1 - x^2)^{\frac{1}{2}}}\,dx.$

337. $u = \displaystyle\int_0^{\frac{\pi}{2}} \log(\sin x)\,dx.$ (EULER.)

338. $u = \displaystyle\int_0^1 \frac{\log x\,dx}{(1 - x^2)^{\frac{1}{2}}}.$

339. $u = \displaystyle\int_0^1 \frac{x \log x}{(1 - x^2)^{\frac{1}{2}}}\,dx.$ (EULER.)

340. $u = \displaystyle\int_0^\pi \frac{x \sin x}{1 + \cos^2 x}\,dx.$

341. $\quad u = \displaystyle\int_0^\pi \log\left(1 - 2\,a\cos x + a^2\right) dx.$ (Poisson.)

342. $\quad u = \displaystyle\int_0^1 \frac{\log x}{1 + x}\, dx.$ (Euler.)

343. $\quad u = \displaystyle\int_0^1 \frac{\log x}{1 - x}\, dx.$ (Euler.)

344. Démontrer la relation

$$\Gamma\left(\frac{1}{n}\right)\Gamma\left(\frac{2}{n}\right)\Gamma\left(\frac{3}{n}\right)\dots\Gamma\left(\frac{n-1}{n}\right) = \left(2\,\pi\right)^{\frac{n-1}{2}} n^{-\frac{1}{2}},$$

n désignant un nombre entier positif.

345. $\quad u = \displaystyle\int_0^\infty x^{2n} e^{-ax^2}\, dx.$

346. Réduire aux fonctions culériennes de seconde espèce l'expression

$$\int_0^1 \frac{x^{a-1}\left(1 - x\right)^{b-1}}{(x + h)^{a+b}}\, dx.$$ (Abel.)

347. $\quad u = \displaystyle\int_0^\infty \frac{x\sin ax}{1 + x^2}\, dx.$ (Laplace.)

348. $\quad u = \displaystyle\int_0^\infty \frac{\sin ax\, dx}{x(1 + x^2)}.$ (Laplace.)

349. $\quad u = \displaystyle\int_0^\infty \frac{dx}{1 + x^2}\,\frac{1}{1 - 2a\cos bx + a^2};\quad a < 1.$

(Legendre.)

350. $\quad u = \displaystyle\int_0^\infty \frac{x\,dx}{1 + x^2}\,\frac{\sin bx}{1 - 2a\cos bx + a^2};\quad a < 1.$

(Legendre.)

351. $\quad u = \displaystyle\int_0^\pi \frac{\cos bx\, dx}{1 - 2a\cos x + a^2};\quad a < 1.$ (Euler.)

352. $\quad u = \displaystyle\int_0^\infty e^{-\left(x^2 + \frac{a^2}{x^2}\right)}\, dx.$ (Laplace.)

353. $u = \displaystyle\int_0^\infty e^{-a^2 x^2} \cos 2\,bx\,dx.$

354. $u = \displaystyle\int_0^\pi \dfrac{\sin^{2n} x\,dx}{(1 - 2\,a \cos x + a^2)^n};\quad a < 1, \quad n \text{ entier.}$

(Poisson.)

§ XIII. — *Équations linéaires à coefficients constants.*

355. $\dfrac{dy}{dx} - ay = x^4.$

356. $\dfrac{dy}{dx} + ay = c^{mx}.$ Cas où $m = -a.$

357. $\dfrac{dy}{dx} - ay = c^{mx} \cos px.$

358. $\dfrac{d^2 y}{dx^2} + 3\dfrac{dy}{dx} + 2y = \dfrac{x}{(1 + x)^2}.$

359. $\dfrac{d^2 y}{dx^2} - 4\dfrac{dy}{dx} + 4y = x^2.$

360. $\dfrac{d^2 y}{dx^2} - 2m\dfrac{dy}{dx} + m^2 y = \sin nx.$

361. $\dfrac{d^2 y}{dx^2} + n^2 y = \cos mx.$ Cas où $m = n.$

362. $\dfrac{d^4 y}{dx^4} + 5\dfrac{d^2 y}{dx^2} + 6y = \sin mx.$

363. $\dfrac{d^2 y}{dx^2} + y = x^n.$

364. $\dfrac{d^4 y}{dx^4} - a^4 y = x^3.$

365. $\dfrac{d^4 y}{dx^4} + 2a^2 \dfrac{d^2 y}{dx^2} + a^4 y = \cos x.$

366. $\dfrac{d^5 y}{dx^5} - 2\dfrac{d^4 y}{dx^4} + 5\dfrac{d^3 y}{dx^3} - 10\dfrac{d^2 y}{dx^2} - 36\dfrac{dy}{dx} + 72y = c^{mx}.$

367. $\dfrac{d^3 y}{dx^3} + \dfrac{d^2 y}{dx^2} - \dfrac{dy}{dx} + 15y = x^2.$

§ XIV. — *Équations linéaires à coefficients variables.*

368. $(1 - x^2)\dfrac{dy}{dx} + xy = ax.$

369. $(1 + x^2)^{\frac{1}{2}}\dfrac{dy}{dx} + ny = a(1 + x^2)^{\frac{1}{2}}.$

370. $\dfrac{dy}{dx} + \dfrac{ay}{1 - x^2} = \dfrac{1 + x}{(1 - x)^3}.$

371. $(1 - x^2)^{\frac{1}{2}}\dfrac{dy}{dx} - ny = x(1 - x^2)^{\frac{1}{2}}.$

372. $x^2\dfrac{d^2y}{dx^2} + x\dfrac{dy}{dx} - y = x^m.$

373. $x^2\dfrac{d^2y}{dx^2} + 3x\dfrac{dy}{dx} + y = \dfrac{1}{(1 - x)^2}.$

374. $(1 + x)^3\dfrac{d^3y}{dx^3} + (1 + x)^2\dfrac{d^2y}{dx^2}$
$$+ 3(1 + x)\dfrac{dy}{dx} - 8y = \dfrac{x}{(1 + x)^{\frac{1}{2}}}.$$

375. $x^3\dfrac{d^3y}{dx^3} - 3x^2\dfrac{d^2y}{dx^2} + 7x\dfrac{dy}{dx} - 8y = X,$

X étant fonction de x.

376. $\dfrac{d^2y}{dx^2} + \dfrac{2}{x}\dfrac{dy}{dx} - a^2y = 0.$

377. $\dfrac{d^2y}{dx^2} + \dfrac{2}{x}\dfrac{dy}{dx} + \left(n^2 - \dfrac{2}{x^2}\right)y = 0.$

378. $x^4\dfrac{d^2y}{dx^2} - c^2y = 0.$

379. $x^4\dfrac{d^2y}{dx^2} + c^2y = 0.$

380. $x^{\frac{4}{3}}\dfrac{d^2y}{dx^2} - c^2y = 0.$

381. $x^{\frac{8}{5}}\dfrac{d^2y}{dx^2} - c^2y = 0.$

§ XV. — *Équations différentielles non linéaires.*

382. $dy + \dfrac{xy\,dx}{1 - x^2} = xy^{\frac{1}{2}}\,dx.$

383. $ay\,dy - by^2\,dx = cx\,dx.$

384. $xy^2\,dy + y^3\,dx = \dfrac{a^3\,dx}{x}.$

385. $y\,dy - \dfrac{ay^2}{x^2}\,dx = \dfrac{b}{x^3}\,dx.$

386. $dx - xy\,dy = x^2 y^3\,dy.$

387. $x\,dx + y\,dy = my\,dx.$

388. $y^3\,dy + 3y^2 x\,dx + 2x^3\,dx = 0.$

389. $xy\,dy - y^2\,dx = (x + y)^2 e^{-\frac{y}{x}}\,dx.$

390. $x^3\,dy - x^2 y\,dx + y^3\,dx - xy^2\,dy = 0.$

391. $dy + y^2\,dx = \dfrac{dx}{x^{\frac{4}{3}}}.$

392. $dy - y^2\,dx = \dfrac{2\,dx}{x^{\frac{8}{5}}}.$

393. $ay\,dx + bx\,dy + x^m y^n\,(cy\,dx + ex\,dy) = 0.$

394. $(y - x)(1 + x^2)^{\frac{1}{2}}\,dy = n\,(1 + y^2)^{\frac{3}{2}}\,dx.$

395. $\left(\dfrac{dy}{dx}\right)^3 - (x^2 + xy + y^2)\left(\dfrac{dy}{dx}\right)^2$
$$+ (x^3 y + x^2 y^2 + x y^3)\dfrac{dy}{dx} - x^3 y^3 = 0.$$

396. $(a^2 - x^2)\left(\dfrac{dy}{dx}\right)^3 + bx\,(a^2 - x^2)\left(\dfrac{dy}{dx}\right)^2 - \dfrac{dy}{dx} - bx = 0.$

397. $\left(1 - y^2 - \dfrac{y^4}{x^2}\right)\left(\dfrac{dy}{dx}\right)^2 - \dfrac{2y}{x}\dfrac{dy}{dx} + \dfrac{y^2}{x^2} = 0.$

398. $y - x\dfrac{dy}{dx} = nx\left[1 + \left(\dfrac{dy}{dx}\right)^2\right]^{\frac{1}{2}}.$

399. $\quad y\left(1+\dfrac{dy^2}{dx^2}\right)^{\frac{1}{2}} = n\left(x + y\,\dfrac{dy}{dx}\right).$

400. $\quad y = x + x\,\dfrac{dy}{dx} + \dfrac{dy^2}{dx^2}.$

401. $\quad (4x^2 - a^2)\left(\dfrac{dy}{dx}\right)^2 - 4xy\,\dfrac{dy}{dx} + y^2 - a^2 = 0.$

402. $\quad y = x\left[\dfrac{dy}{dx} - \left(1 + \dfrac{dy^2}{dx^2}\right)^{\frac{1}{2}}\right].$

403. $\quad x^3\,\dfrac{d^2y}{dx^2} = \left(y - x\,\dfrac{dy}{dx}\right)^2.$

404. $\quad x^2\,\dfrac{dy}{dx}\,\dfrac{d^2y}{dx^2} - x\,\dfrac{dy}{dx} + y = 0.$

405. $\quad y\,\dfrac{d^2y}{dx^2} - \dfrac{dy^2}{dx^2} = \dfrac{y\,\dfrac{dy}{dx}}{(a^2 + x^2)^{\frac{1}{2}}}.$

406. $\quad xy\,\dfrac{d^2y}{dx^2} = y\,\dfrac{dy}{dx} + x\,\dfrac{dy^2}{dx^2} + \dfrac{nx\,\dfrac{dy^2}{dx^2}}{(a^2 - x^2)^{\frac{1}{2}}}.$

407. $\quad \left(1 + \dfrac{dy^2}{dx^2}\right)^{\frac{3}{2}} = \dfrac{a^2}{2x}\,\dfrac{d^2y}{dx^2}.$

408. $\quad 1 + \dfrac{dy^2}{dx^2} + x\,\dfrac{dy}{dx}\,\dfrac{d^2y}{dx^2} = a\,\dfrac{d^2y}{dx^2}\left(1 + \dfrac{dy^2}{dx^2}\right)^{\frac{3}{2}}.$

409. $\quad a^2\,\dfrac{d^2y}{dx^2}(a^2 + x^2)^{\frac{1}{2}} + a^2\,\dfrac{dy}{dx} = x^2.$

410. $\quad (x + a)\,\dfrac{d^2y}{dx^2} + x\,\dfrac{dy^2}{dx^2} = \dfrac{dy}{dx}.$

411. $\quad \left(y^2 + \dfrac{dy^2}{dx^2}\right)^{\frac{3}{2}} = ny\left(2\,\dfrac{dy^2}{dx^2} + y^2 - y\,\dfrac{d^2y}{dx^2}\right).$

412. $\quad \dfrac{dy^2}{dx^2} - y\,\dfrac{d^2y}{dx^2} = n\left[\dfrac{dy^2}{dx^2} + a^2\left(\dfrac{d^2y}{dx^2}\right)^2\right]^{\frac{1}{2}}.$

§ XVI. — *Solutions singulières des équations différentielles du premier ordre.*

413. $\quad y + (y - x)\dfrac{dy}{dx} + (a - x)\dfrac{dy^2}{dx^2} = 0.$

414. $\quad y^2 - 2xy\dfrac{dy}{dx} + (1 + x^2)\dfrac{dy^2}{dx^2} = 1.$

415. $\quad x^2 + 2xy\dfrac{dy}{dx} + (a^2 - x^2)\dfrac{dy^2}{dx^2} = 0.$

416. $\quad \dfrac{dy^2}{dx^2} + y\dfrac{dy}{dx} + x = 0.$

417. $\quad \left(1 + \dfrac{dy^2}{dx^2}\right)\left(y - x\dfrac{dy}{dx}\right)^2 = a^2\dfrac{dy^2}{dx^2}.$

418. $\quad y^2\dfrac{dy^2}{dx^2} - 2xy\dfrac{dy}{dx} + ax + by = 0.$

419. $\quad \left(x\dfrac{dy}{dx} - y\right)\left(x\dfrac{dy}{dx} - 2y\right) + x^3 = 0.$

420. Les équations

$$y^2 = 2x + 1 \quad \text{et} \quad y^2 + x^2 = 0$$

satisfont à l'équation différentielle

$$y\dfrac{dy^2}{dx^2} + 2x\dfrac{dy}{dx} - y = 0;$$

ces intégrales sont-elles singulières ou particulières?

421. L'équation

$$y^2 + (x - 1)^2 = 0$$

est-elle une intégrale singulière de

$$\dfrac{dy^2}{dx^2} + y\dfrac{dy}{dx} + x = 0?$$

§ XVII. — *Équations différentielles simultanées.*

422. $\quad \dfrac{dx}{dt} + 4x + 3y = t,$

$\qquad\quad \dfrac{dy}{dt} + 2x + 5y = e^t.$

425. $\dfrac{dx}{dt} + 5x + y = e^t$,

$\dfrac{dy}{dt} + 3y - x = e^{2t}$.

424. $\dfrac{dx}{dt} + by + cz = 0$,

$\dfrac{dy}{dt} + a'x + c'z = 0$,

$\dfrac{dz}{dt} + a''x + b''y = 0$.

425. $\dfrac{d^2x}{dt^2} = ay + bx + c$,

$\dfrac{d^2y}{dt^2} = a'y + b'x + c'$.

426. $\dfrac{d^2x}{dt^2} - 2\dfrac{dx}{dt} - 2\dfrac{dy}{dt} + x = \cos 2t$,

$\dfrac{d^2y}{dt^2} + 2\dfrac{dy}{dt} + \dfrac{dx}{dt} + 6y + 5x = \sin t$.

427. $a\dfrac{dx}{dt} + (c - b)yz = 0$,

$b\dfrac{dy}{dt} + (a - c)zx = 0$,

$c\dfrac{dz}{dt} + (b - a)xy = 0$.

428. $\dfrac{d^2x}{dt^2} = \dfrac{dR}{dx}$, $\quad \dfrac{d^2y}{dt^2} = \dfrac{dR}{dy}$, $\quad \dfrac{d^2z}{dt^2} = \dfrac{dR}{dz}$;

x, y, z sont des fonctions de t, et R est une fonction de
$r = (x^2 + y^2 + z^2)^{\frac{1}{2}}$.

(BINET.)

§ XVIII. — Équations aux différentielles partielles linéaires et du premier ordre.

429. $x\dfrac{dz}{dx} - y\dfrac{dz}{dy} = \dfrac{x^2}{y}$.

430. $\dfrac{dz}{dx} - \dfrac{dz}{dy} = \dfrac{z}{x+y}.$

431. $y \dfrac{dz}{dx} + x \dfrac{dz}{dy} = z.$

432. $\dfrac{1}{x} \dfrac{dz}{dx} + \dfrac{1}{y} \dfrac{dz}{dy} = \dfrac{z}{y^2}.$

433. $x \dfrac{dz}{dx} + y \dfrac{dz}{dy} = \dfrac{xy}{z}.$

434. $y^3 \dfrac{dz}{dy} - xy^2 \dfrac{dz}{dx} = axz.$

435. $\dfrac{dz}{dx} - a \dfrac{dz}{dy} = e^{mx} \cos py.$

436. $\dfrac{du}{dx} + b \dfrac{du}{dy} + c \dfrac{du}{dz} = xyz.$

437. $(y + x) \dfrac{dz}{dx} + (y - x) \dfrac{dz}{dy} = z.$

438. $\sec x \dfrac{dz}{dx} + a \dfrac{dz}{dy} = z \cotang y.$

439. $(y - bz) \dfrac{dz}{dx} - (x - az) \dfrac{dz}{dy} = bx - ay.$

440. $x^2 \dfrac{dz}{dx} + y^2 \dfrac{dz}{dy} = \dfrac{x^3}{y}.$

441. $x \dfrac{dz}{dx} + y \dfrac{dz}{dy} = 2xy (a^2 - z^2)^{\frac{1}{2}}.$

442. $x \dfrac{dz}{dx} + (1 + y^2)^{\frac{1}{2}} \dfrac{dz}{dy} = xy.$

443. $x \dfrac{du}{dx} + y \dfrac{du}{dy} + z \dfrac{du}{dz} = au + \dfrac{xy}{z}.$

444. $(y + z + u) \dfrac{du}{dx} + (z + u + x) \dfrac{du}{dy}$

$$+ (u + x + y) \dfrac{du}{dz} = x + y + z.$$

§ XIX. — *Calcul des variations.*

445. Trouver la fonction qui rend maximum l'expression

$$\int_{x_0}^{x_1} \left[1 - \frac{x}{(x^2 + y^2)^{\frac{1}{2}}} + ay \right] dx.$$

446. Par deux points donnés A et B faire passer une courbe plane telle que la surface comprise entre l'arc AB, les rayons de courbure extrêmes, et l'arc de développée correspondant, ait une valeur minimum.

447. Trouver la courbe qui rend maximum ou minimum l'expression

$$\int_{x_0}^{x_1} \rho^n \, ds,$$

ρ désignant le rayon de courbure et ds l'élément de l'arc.

448. Trouver la courbe qui rend maximum ou minimum l'expression

$$\int_{x_0}^{x_1} (x^2 + y^2)^{\frac{n}{2}} \left(1 + \frac{dy^2}{dx^2} \right)^{\frac{1}{2}} dx.$$

449. Trouver la courbe qui rend maximum ou minimum l'expression

$$\int_{x_0}^{x_1} (x - x_0)^n \, ds.$$

450. Plus courte distance de deux points sur la surface d'un cylindre quelconque. Cas du cylindre droit.

451. Parmi toutes les courbes planes passant par deux points fixes, tournant autour du même axe situé dans leur plan, et engendrant une aire de révolution donnée, trouver celle qui donne lieu au volume de révolution maximum.

452. Par deux points donnés A et B on abaisse sur une droite OX deux perpendiculaires AC, BD; déterminer un arc de courbe AMB, de longueur donnée, de manière que l'aire constante AMBDC tournant autour de OX engendre un volume maximum ou minimum.

453. Faire passer par deux points donnés une courbe telle que le produit de l'arc par l'aire comprise entre cet arc, l'axe des x et les ordonnées extrêmes, soit un minimum.

454. Trouver la courbe qui passant par deux points donnés rend maximum ou minimum l'expression

$$\int_{x_0}^{x_1} s^n\, dx,$$

s désignant la longueur de l'arc.

455. Parmi toutes les courbes de même longueur, trouver celle qui passant par deux points donnés rend minimum l'expression

$$\frac{\displaystyle\int_{x_0}^{x_1} \varphi.x\, ds}{\displaystyle\int_{x_0}^{x_1} \varphi\, ds},$$

φ désignant une fonction connue de l'arc s.

456. u désignant une fonction des quantités $y_1, y_2, \ldots, y_n$, $\frac{dy_1}{dx}, \frac{dy_2}{dx}, \ldots, \frac{dy_n}{dx}$, homogène du degré p par rapport aux dérivées, si $\int_{x_0}^{x_1} u\, dx$ est un maximum ou un minimum, on a toujours

$$u = \text{const.},$$

pour les valeurs de p autres que l'unité.

CALCUL INTÉGRAL.

SOLUTIONS.

FORMULES FONDAMENTALES.

(a) $\quad \int x^n\, dx = \dfrac{x^{n+1}}{n+1} + c$, $\quad$ excepté le cas $n = -1$.

(b) $\quad \int \dfrac{dx}{x} = \log x + C.$

(c) $\quad \int \cos x\, dx = \sin x + C.$

(d) $\quad \int \sin x\, dx = -\cos x + C.$

(e) $\quad \int \dfrac{dx}{\cos^2 x} = \tang x + C.$

(f) $\quad \int \dfrac{dx}{\left(a^2 - x^2\right)^{\frac{1}{2}}} = \arc\sin \dfrac{x}{a} + C.$

(g) $\quad \int \dfrac{-dx}{\left(a^2 - x^2\right)^{\frac{1}{2}}} = \arc\cos \dfrac{x}{a} + C.$

(h) $\quad \int \dfrac{dx}{a^2 + x^2} = \arc\tang \dfrac{x}{a} + C.$

(i) $\quad \int \dfrac{dx}{x\left(x^2 - a^2\right)^{\frac{1}{2}}} = \arc\séc \dfrac{x}{a} + C.$

(k) $\quad \int a^x\, dx = \dfrac{a^x}{\log a} + C.$

A ces formules on peut ajouter les suivantes qui sont d'un fréquent usage.

(l) $\quad \int \dfrac{dx}{x^2 - a^2} = \dfrac{1}{2a} \log \left(\dfrac{x - a}{x + a} \right) + C.$

$$(m) \quad \int \frac{dx}{(x^2 \pm a^2)^{\frac{1}{2}}} = \log\left[\frac{(x^2 \pm a^2)^{\frac{1}{2}} + x}{a}\right] + C.$$

$$(n) \quad \int \frac{dx}{x\,(a^2 \pm x^2)^{\frac{1}{2}}} = \frac{1}{a}\log\left[\frac{x}{(a^2 \pm x^2)^{\frac{1}{2}} + a}\right] + C.$$

Nota. Nous désignerons ordinairemeut par S l'intégrale cherchée, abstraction faite de la constante.

§. I. — *Intégration par substitution.*

192    $S = \dfrac{1}{2} \displaystyle\int \dfrac{d(x^2)}{\left[a^4 - (x^2)^2\right]^{\frac{1}{2}}} = \dfrac{1}{2}\arcsin\dfrac{x^2}{a^2}.$

193. $\left(S = \dfrac{1}{2\,a^2}\arctan\dfrac{x^2}{a^2}. \right)$

194. $S = \displaystyle\int \dfrac{d.(x^2 - a^2)^{\frac{1}{2}}}{\left[b^2 - a^2 - (x^2 - a^2)\right]^{\frac{1}{2}}} = \arcsin\left(\dfrac{x^2 - a^2}{b^2 - a^2}\right)^{\frac{1}{2}}.$

195. $S = \dfrac{1}{c} \displaystyle\int \dfrac{dx}{\left(x + \dfrac{b}{2c}\right)^2 + \dfrac{4ac - b^2}{4c^2}}.$

Si l'on a $4ac - b^2 > 0$, on intègre au moyen de (h) ; si $4ac - b^2 < 0$, au moyen de (l) ; si enfin $4ac - b^2 = 0$, on tombe dans le cas de la formule (a). Ce dernier résultat se tire aussi des deux autres par la théorie des fonctions $\dfrac{0}{0}$.

196. $S = c^{-\frac{1}{2}} \displaystyle\int \dfrac{dx}{\left[\left(x + \dfrac{b}{2c}\right)^2 + \dfrac{4ac - b^2}{4c}\right]^{\frac{1}{2}}},$

quand on prend le signe $+$, et

$$S = c^{-\frac{1}{2}} \int \frac{dx}{\left[\dfrac{4ac - b^2}{4c^2} - \left(x - \dfrac{b}{2c}\right)^2\right]^{\frac{1}{2}}},$$

quand on prend le signe —. La première expression s'intègre au moyen de (m), la deuxième au moyen de (f).

197. $S = \left(b - \dfrac{ap}{2}\right) \displaystyle\int \dfrac{dx}{x^2 + px + q} + \dfrac{a}{2} \int \dfrac{(2x + p)\,dx}{x^2 + px + q}.$

Cette expression s'intègre au moyen du n° 195 et de la formule (b).

Comme application, on trouve

$$\int \frac{(1 - x \cos\theta)\,dx}{1 - 2x\cos\theta + x^2} = \sin\theta \,\operatorname{arc\,tang} \frac{x - \cos\theta}{\sin\theta}$$
$$- \cos\theta \,\log\,(1 - 2x\cos\theta + x^2)^{\frac{1}{2}}.$$

La décomposition de cette intégrale en deux autres s'obtient rapidement, si l'on observe qu'on a

$$1 = \sin^2\theta + \cos^2\theta.$$

198. Si l'on multiplie haut et bas sous le signe par $(1 + x)^{\frac{1}{2}}$, il vient

$$S = \int \frac{(1 + x)\,dx}{(1 - x^2)^{\frac{1}{2}}} = \operatorname{arc\,sin} x - (1 - x^2)^{\frac{1}{2}}.$$

Remarque. — Il est souvent utile d'opérer comme dans cet exemple.

199. $S = (x^2 + a^2)^{\frac{1}{2}} - a \operatorname{arc\,séc} \dfrac{x}{a}.$ Formule (i).

200. $S = (x^2 + a^2)^{\frac{1}{2}} + a \log \dfrac{x}{(x^2 + a^2)^{\frac{1}{2}} + a}.$ Formule (n).

201. $S = \operatorname{arc\,séc} \dfrac{x}{a} + \log \dfrac{x + (x^2 - a^2)^{\frac{1}{2}}}{a}.$ Formule (m).

202. $S = \dfrac{2}{3(a - b)}\left[(x + a)^{\frac{3}{2}} - (x + b)^{\frac{3}{2}}\right].$ Rem. du n° 198.

Si $a = b$, cette formule est encore vraie, comme on le voit par la théorie des fonctions qui deviennent $\dfrac{0}{0}$.

203. $\quad S = \displaystyle\int \frac{x^{-3}\,dx}{\left(ax^{-2}+b\right)^{\frac{3}{2}}} = \frac{x}{a\left(a+bx^2\right)^{\frac{1}{2}}}.$

204. $\quad S = \displaystyle\int \frac{x^{-3}\,dx}{\left(x^{-2}-1\right)^{\frac{1}{2}}} = \frac{\left(1-x^2\right)^{\frac{1}{2}}}{x}.$

205. $\quad S = \dfrac{x}{a\left(a+bx^n\right)^{\frac{1}{n}}}.$

206. $\quad S = \dfrac{1}{2}\displaystyle\int \frac{x^2\,d.x^2}{\left[\dfrac{a^4}{4}-\left(x^2-\dfrac{a^2}{2}\right)^2\right]^{\frac{1}{2}}}$

$\qquad = \dfrac{a^2}{4}\displaystyle\int \frac{d\left(x^2-\dfrac{a^2}{2}\right)}{\left[\dfrac{a^4}{4}-\left(x^2-\dfrac{a^2}{2}\right)^2\right]^{\frac{1}{2}}} + \dfrac{1}{2}\displaystyle\int \frac{z\,dz}{\left(\dfrac{a^4}{4}-z^2\right)^{\frac{1}{2}}},$

en posant

$$x^2 - \frac{a^2}{2} = z.$$

La première intégrale se réduisant à $\dfrac{a^2}{2}\displaystyle\int \frac{dx}{\left(a^2-x^2\right)^{\frac{1}{2}}}$, il

en résulte

$$S = \frac{a^2}{2}\arcsin\frac{x}{a} - \frac{x}{2}\left(a^2-x^2\right)^{\frac{1}{2}}.$$

207. $\quad S = \displaystyle\int \frac{a^2\,dx}{\left(a^2-x^2\right)^{\frac{1}{2}}} - \displaystyle\int \frac{x^2\,dx}{\left(a^2-x^2\right)^{\frac{1}{2}}}$

$\qquad = \dfrac{a^2}{2}\arcsin\dfrac{x}{a} + \dfrac{x}{2}\left(a^2-x^2\right)^{\frac{1}{2}}.$

$$(\textit{Voir } n^\text{o}\ 206.)$$

208. $\quad S = \displaystyle\int \frac{x^{-2}\,dx}{\left(ax^{-2}+bx^{-1}+c\right)^{\frac{1}{2}}} = -\displaystyle\int \frac{d.x^{-1}}{\left(ax^{-2}+bx^{-1}+c\right)^{\frac{1}{2}}}.$

Cette expression s'intègre comme au n° **196.**

209. $\displaystyle S = \int \frac{dx}{\left[\left(c^{\frac{1}{2}} + \frac{b}{2\,c^{\frac{1}{2}}}\right)^2 + \frac{4\,ac - b^2}{4\,c}\right]^{\frac{3}{2}}}$

$\displaystyle = \frac{2\,(2\,cx + b)}{(4\,ac - b^2)\,(a + bx + cx^2)^{\frac{1}{2}}} \cdot$ (n° 205.)

210. $\displaystyle S = \int \frac{x^{-2}\,dx}{(ax^{-2} + bx^{-1} + c)^{\frac{3}{2}}}$

$\displaystyle = - \frac{2\,(2\,a + bx)}{(4\,ac - b^2)\,(a + bx + cx^2)^{\frac{1}{2}}} \cdot$ (n° 205.)

211. $\displaystyle S = \int dx\, e^x \left[\frac{1}{1 + x} - \frac{1}{(1 + x)^2}\right].$

Sous cette forme, on voit que le second terme de la parenthèse est la dérivée du premier ; et comme la dérivée de e^x est e^x, on en conclut que l'expression sous le signe est la dérivée du produit $e^x\,\dfrac{1}{1 + x}\cdot$

212. $\displaystyle S = \int \frac{e^{-x}\,dx}{e^{-x} + 1} = \log \frac{e^x}{1 + e^x}\cdot$

213. $\displaystyle S = \int (\sec^2 x - 1)\,dx = \tang x - x.$

214. $\displaystyle S = \int \left(\frac{1}{\cos^2 x} + \frac{1}{\sin^2 x}\right) dx = -\,2 \cot 2x.$

215. $\displaystyle S = \frac{1}{a} \int \frac{d.\dfrac{x}{a}}{\cos^2 \dfrac{x}{a}} = \frac{1}{a}\,\tang\frac{x}{a}\cdot$

216. $\displaystyle S = \int \frac{dx}{(a + b)\cos^2 \dfrac{x}{2} + (a - b)\sin^2 \dfrac{x}{2}}$

$\displaystyle = \int \frac{\dfrac{dx}{\cos^2 \dfrac{x}{2}}}{(a + b) + (a - b)\,\tang^2 \dfrac{x}{2}}\cdot$

En posant $\tan \frac{x}{2} = z$, on trouve

$$S = \frac{1}{(a^2 - b^2)^{\frac{1}{2}}} \operatorname{arc\,cos} \frac{b + a \cos x}{a + b \cos x}, \quad \text{pour } a > b\,;$$

et

$$S = \frac{1}{(b^2 - a^2)^{\frac{1}{2}}} \log \frac{(b + a)^{\frac{1}{2}} + (b - a)^{\frac{1}{2}} \tan \frac{x}{a}}{(b + a)^{\frac{1}{2}} + (b - a)^{\frac{1}{2}} \tan \frac{x}{a}}, \quad \text{pour } a < b.$$

217. $\quad S = (ab)^{-\frac{1}{2}} \operatorname{arc\,tang} \left[\left(\frac{b}{a} \right)^{\frac{1}{2}} \tan x \right].$ (n° **216**.)

218. $\quad S = \dfrac{1}{2^{\frac{1}{2}}} \operatorname{arc\,tang} \left(\dfrac{\tan x}{2^{\frac{1}{2}}} \right).$

Ce résultat peut se déduire du précédent.

219. $\quad S = \dfrac{1}{a^2} \displaystyle\int \frac{\sin x (1 + a^2 \cos^2 x - 1)}{1 + a^2 \cos^2 x}\, dx$

$$\qquad = -\frac{\cos x}{a^2} + \frac{1}{a^3} \operatorname{arc\,tang}(a \cos x).$$

220. $\quad S = \displaystyle\int \frac{\cos x\, dx}{a \cos x + b \sin x}.$

Retranchant et ajoutant $\dfrac{a^2}{a^2 + b^2}$ à la quantité sous le signe, il vient

$$S = \frac{1}{a^2 + b^2} [ax + b \log(a \cos x + b \cos x)].$$

221. $\quad S = \displaystyle\int \frac{\sin x\, dx}{[b - (b - a) \cos^2 x]^{\frac{1}{2}}}$

$$\qquad = \frac{1}{(b - a)^{\frac{1}{2}}} \operatorname{arc\,cos} \left[\left(\frac{b - a}{b} \right)^{\frac{1}{2}} \cos x \right].$$

222. Au moyen des formules qui permettent de transformer en une somme un produit de sinus et de cosinus, on trouve

$$S = \frac{1}{4}\left(\frac{\sin 6x}{6} + \frac{\sin 4x}{4} + \frac{\sin 2x}{2} + x\right).$$

§ II. — *Intégration par parties.*

225. $S = \dfrac{x \arcsin x}{(1 - x^2)^{\frac{1}{2}}} + \log(1 - x^2)^{\frac{1}{2}}.$

224. $S = x - (1 - x^2)^{\frac{1}{2}} \arcsin x.$

225. $S = (x + a) \arcsin \left(\dfrac{x}{a + x}\right)^{\frac{1}{2}} - (ax)^{\frac{1}{2}}.$

226. $S = \dfrac{x^2}{2} \arcsin \dfrac{1}{2}\left(\dfrac{2a - x}{a}\right)^{\frac{1}{2}} + \dfrac{1}{4}\displaystyle\int \dfrac{x^2\, dx}{(4a^2 - x^2)^{\frac{1}{2}}}$

$$= \frac{x^2}{2} \arcsin \frac{1}{2}\left(\frac{2a - x}{a}\right)^{\frac{1}{2}}$$

$$+ \frac{a^2}{2} \arcsin \frac{x}{2a} - \frac{x}{8}(4a^2 - x^2)^{\frac{1}{2}}.$$

227. $S = x \operatorname{arc\,tang} x - \log(1 + x^2)^{\frac{1}{2}}.$

228. $S = \left(x - \dfrac{1}{2}\operatorname{arc\,tang} x\right)\operatorname{arc\,tang} x - \log(1 + x^2)^{\frac{1}{2}}.$

229. En intégrant deux fois par parties, on trouve

$$S = \frac{e^{a \operatorname{arc\,tang} x}(a + x)}{(1 + a^2)(1 + x^2)^{\frac{1}{2}}}.$$

230. $S = \dfrac{e^{a \operatorname{arc\,tang} x}(ax - 1)}{(1 + a^2)(1 + x^2)^{\frac{1}{2}}}.$

§ III. — *Intégration par les fractions rationnelles.*

231. $S = \dfrac{1}{3} \log \dfrac{(x + 1)^2(x - 2)}{(x - 1)(x + 2)^2}.$

232.
$$S = \frac{a_1^p \log (x - a_1)}{(a_1 - a_2)(a_1 - a_3)\ldots(a_1 - a_n)}$$
$$+ \frac{a_2^p \log (x - a_2)}{(a_2 - a_1)(a_2 - a_3)\ldots(a_2 - a_n)} + \ldots$$
$$+ \frac{a_n^p \log (x - a_n)}{(a_n - a_1)(a_n - a_2)\ldots(a_n - a_{n-1})}.$$

233. $S = \log \dfrac{x^{\frac{3}{2}} (x + 1)}{(x + 2)^{\frac{1}{2}}} - \dfrac{1}{x}.$

234. $S = \dfrac{4}{x + 2} + \log (x + 1).$

235. Si l'on a généralement

$$\frac{f(x)}{F(x)} = \frac{f(x)}{\varphi(x)(x - a)^n} = \frac{A}{(x - a)^n} + \frac{A_1}{(x - a)^{n-1}} + \ldots$$
$$+ \frac{A_{n-1}}{x - a} + \frac{\psi(x)}{\varphi(x)},$$

f et F désignant des fonctions qui n'ont pas de facteurs communs et $\varphi(x)$ n'étant pas divisible par $x - a$, il est aisé de démontrer que A_p est égal à ce que devient $\dfrac{1}{1.2\ldots p} \dfrac{d^p\left(\dfrac{fx}{\varphi x}\right)}{dx^p}$, quand on y remplace x par a. En s'appuyant sur cette remarque, on trouve

$$\frac{1}{x^n(1 - x)^n} = \frac{1}{x^n} + \frac{1}{(1 - x)^n} + n\left[\frac{1}{x^{n-1}} + \frac{1}{(1 - x)^{n-1}}\right]$$
$$+ \frac{n(n - 1)}{1.2}\left[\frac{1}{x^{n-2}} + \frac{1}{(1 - x)^{n-2}}\right] + \ldots$$
$$+ \frac{n(n - 1)\ldots(n + \overline{n - 2})}{1.2\ldots(n - 1)}\left(\frac{1}{x} + \frac{1}{1 - x}\right);$$

par suite

$$S = \frac{1}{n - 1}\left[\frac{1}{(1 - x)^{n-1}} - \frac{1}{x^{n-1}}\right] + \frac{n}{n - 2}\left[\frac{1}{(1 - x)^{n-2}} - \frac{1}{x^{n-2}}\right] + \ldots$$
$$+ \frac{n(n - 1)(n - 2)\ldots(n - \overline{n - 2})}{1.2.3\ldots(n - 1)} \log \frac{x}{1 - x}.$$

236. $\quad S = \dfrac{1}{6} \log \dfrac{x-1}{x+1} + \dfrac{2^{\frac{1}{2}}}{3} \text{ arc tang } \dfrac{x}{2^{\frac{1}{2}}}.$

237. $\quad S = \dfrac{3}{4} \log \dfrac{x^2+1}{(x-1)^2} - \text{arc tang} - x\,\dfrac{1}{2(x-1)^2} - \dfrac{5}{2(x-1)}.$

238. $\quad S = \dfrac{1}{90} \log \dfrac{(x^2 - x + 3)(x+1)^{18}}{x^{20}} - \dfrac{1}{3x}$

$$\qquad\qquad - \dfrac{13}{45.11^{\frac{1}{2}}} \text{ arc tang } \dfrac{2x-1}{11^{\frac{1}{2}}}.$$

239. $\quad S = \dfrac{x+1}{4(x^2+1)} + \dfrac{1}{2} \text{ arc tang } x + \dfrac{1}{4} \log \dfrac{x+1}{(x^2+1)^{\frac{1}{2}}}.$

240. $\quad S = - \dfrac{5x-7}{3(x^2-x+1)} - \dfrac{2}{x-1} - \dfrac{25}{3^{\frac{2}{3}}} \cdot \text{arc tang } \dfrac{2x-1}{3^{\frac{1}{2}}}$

$$\qquad\qquad - \log \dfrac{(x^2-x+1)^{\frac{1}{2}}}{x-1}.$$

241. $\quad S = \dfrac{1}{2^{\frac{5}{2}}} \log \dfrac{1+2^{\frac{1}{2}}x+x^2}{1-2^{\frac{1}{2}}x+x^2} + \dfrac{1}{2^{\frac{3}{2}}} \text{ arc tang } \dfrac{2^{\frac{1}{2}}x}{1-x^2}.$

242. $\quad S = \dfrac{1}{4} \log \dfrac{1+x}{1-x} + \dfrac{1}{2} \text{ arc tang } x.$

243. $\quad S = \dfrac{1}{4} \log \dfrac{1+x}{1-x} - \dfrac{1}{2} \text{ arc tang } x.$

244. $\quad S = \dfrac{1}{6} \log \dfrac{1+x}{1-x} \left(\dfrac{1+x+x^2}{1-x+x^2} \right)^{\frac{1}{2}} + \dfrac{1}{2.3^{\frac{1}{2}}} \text{ arc tang } \dfrac{3^{\frac{1}{2}}x}{1-x^2}.$

§ IV. — *Expressions qu'on intègre en les rendant rationnelles.*

245. $\quad S = 2(x-1)^{\frac{1}{2}} \left[\dfrac{(x-1)^3}{7} + \dfrac{3}{5}(x-1)^2 + x \right].$

246. $\quad S = a^{-\frac{1}{2}} \log \dfrac{(a+bx)^{\frac{1}{2}} - a^{\frac{1}{2}}}{(a+bx)^{\frac{1}{2}} + a^{\frac{1}{2}}}.$

247. $\quad S = 2\,a^{-\frac{1}{2}}\,\text{arc tang}\left(\dfrac{bx-a}{a}\right)^{\frac{1}{2}} = 2\,a^{-\frac{1}{2}}\,\text{arc cos}\left(\dfrac{a}{bx}\right)^{\frac{1}{2}}.$

248. $\quad S = (x-1)^{\frac{1}{2}}\dfrac{3\,x+2}{4\,x^{2}} + \dfrac{3}{4}\,\text{arc cos}\left(\dfrac{1}{x}\right)^{\frac{1}{2}}.$

249. $\quad S = 2\,(a^{2}+x^{2})^{\frac{3}{2}}\left[\dfrac{(a^{2}+x^{2})^{2}}{7} - \dfrac{2\,a^{2}\,(a^{2}+x^{2})}{5} + \dfrac{a^{4}}{3}\right].$

250. $\quad S = \dfrac{2}{b^{2}}\dfrac{2\,a+bx}{(a+bx)^{\frac{1}{2}}}.$

251. $\quad S = \dfrac{2\,(a^{2}+b^{2})^{5}}{b^{2}}\left(\dfrac{a+bx}{7} - \dfrac{a}{5}\right).$

252. $\quad S = \dfrac{2}{3\,b^{3}}\dfrac{3\,(a+bx)^{2}+6\,a\,(a+bx)-a^{2}}{(a+bx)^{\frac{3}{2}}}.$

253. $\quad S = \dfrac{3\,(a+x)^{\frac{4}{3}}}{4}\left(\dfrac{4\,x-3}{7}\right).$

254. $\quad S = 3\,(a+x)^{\frac{5}{3}}\left[\dfrac{(a+x)^{3}}{14} - \dfrac{3\,a\,(a+x)^{2}}{11} + \dfrac{3\,a^{2}\,(a+x)}{8} - \dfrac{a^{3}}{5}\right].$

255. $\quad S = (1+x^{2})^{\frac{1}{2}}\left(\dfrac{x^{5}}{6} - \dfrac{5\,x^{3}}{6.4} + \dfrac{5.3\,.x}{6.4.2}\right).$

256. $\quad S = -\dfrac{x\,(x^{2}-3)}{2\,(1-x^{2})^{\frac{1}{2}}} - \dfrac{3}{2}\,\text{arc sin}\,x.$

257. $\quad S = -\dfrac{a+2\,bx^{2}}{a^{2}x\,(a+bx^{2})^{\frac{1}{2}}}.$

258. $\quad S = \dfrac{x\,(2\,x^{2}+3)}{3\,(1+x^{2})^{\frac{3}{2}}}.$

259. $\quad S = \dfrac{x^{3}}{3\,a\,(a+bx^{2})^{\frac{3}{2}}}.$

260. $\quad S = \dfrac{1}{2^{\frac{5}{2}}}\left(\log\dfrac{x^{\frac{1}{6}}-2^{\frac{1}{2}}\,x^{\frac{1}{12}}+1}{x^{\frac{1}{6}}+2^{\frac{1}{2}}\,x^{\frac{1}{12}}+1}\right) + 2\,\text{arc tang}\dfrac{2^{\frac{1}{2}}\,x^{\frac{1}{12}}}{1-x^{\frac{1}{6}}}.$

261. $S = 2 \arctan (1 + x)^{\frac{1}{2}}$.

262. $S = 2^{-\frac{1}{2}} \arctan \dfrac{2^{\frac{1}{2}} x}{\left(1 - x^2\right)^{\frac{1}{2}}}$.

263. $S = 2^{-\frac{1}{2}} \log \dfrac{\left(1 + x^2\right)^{\frac{1}{2}} + 2^{\frac{1}{2}} x}{\left(1 - x^2\right)^{\frac{1}{2}}}$.

264. $S = \dfrac{1}{\left(bh^2 - ahk\right)^{\frac{1}{2}}} \log \dfrac{h\left(a + bx\right)^{\frac{1}{2}} + x\left(bh^2 - ahk\right)^{\frac{1}{2}}}{\left(h + k x^2\right)^{\frac{1}{2}}}$,

pour $ak - bh < 0$;

$S = \arcsin x \left(\dfrac{ak - bh}{ah + ak x^2} \right)^{\frac{1}{2}}$, pour $ak - bh > 0$;

$S = \dfrac{x}{h\left(a + bx^2\right)^{\frac{1}{2}}}$, pour $ak - bh = 0$.

265. $S = \dfrac{2}{n a^{\frac{1}{2}}} \log \dfrac{\left(a + bx^n\right)^{\frac{1}{2}} - a^{\frac{1}{2}}}{\left(bx^n\right)^{\frac{1}{2}}}$.

266. En posant

$$a^{\frac{1}{2}} x^n = b^{\frac{1}{2}} \sec \varphi,$$

il vient

$$S = \dfrac{1}{n b^{\frac{1}{2}}} \operatorname{arc} \sec \left(\dfrac{a^{\frac{1}{2}} x^n}{b^{\frac{1}{2}}} \right).$$

267. $S = \arctan \dfrac{1 + 3 x}{2\left(1 + x - x^2\right)^{\frac{1}{2}}}$.

268. $S = \log \dfrac{3 + x - 2\left(1 - x - x^2\right)^{\frac{1}{2}}}{1 + x}$.

269. Cette expression est rendue rationnelle en posant

$$x + \left(1 + x^2\right)^{\frac{1}{2}} = z^n.$$

On tire en effet de là

$$x = \dfrac{z^{2n} - 1}{2 z^n}, \quad dx = \dfrac{n\left(z^{2n} + 1\right) dz}{2 z^{n+1}},$$

$$(1 + x^2)^{\frac{1}{2}} = \frac{z^{2n} + 1}{2\,z^n}.$$

On trouve, comme application,

$$\int \frac{\left[x + (1 + x^2)^{\frac{1}{2}} \right]^{\frac{m}{n}}}{(1 + x^2)^{\frac{1}{2}}}\,dx = \frac{m}{n}\left[x + (1 + x^2)^{\frac{1}{2}} \right]^{\frac{m}{n}}.$$

270. Soit fait

$$z = \frac{2^{\frac{1}{2}}\,x}{1 - x^2};$$

$$S = 2^{-\frac{1}{2}}\log \frac{(1 + x^4)^{\frac{1}{2}} + 2^{\frac{1}{2}}\,x}{1 - x^2}.$$

271. Posons

$$z = \frac{2^{\frac{1}{2}}\,x}{(1 + x^4)^{\frac{1}{2}}};$$

$$S = \frac{1}{2^{\frac{5}{2}}}\log \frac{(1 + x^4)^{\frac{1}{2}} + 2^{\frac{1}{2}}\,x}{1 - x^2} + \frac{1}{2^{\frac{5}{2}}}\,\text{arc sin}\,\frac{2^{\frac{1}{2}}\,x}{1 + x^2}.$$

272. En faisant la même hypothèse que dans le numéro précédent, on trouve

$$S = 2^{-\frac{5}{2}}\log \frac{(1 + x^4)^{\frac{1}{2}} + 2^{\frac{1}{2}}\,x}{1 - x^2} - 2^{-\frac{5}{2}}\,\text{arc sin}\,\frac{2^{\frac{1}{2}}\,x}{1 + x^2}.$$

273. $z = \dfrac{x}{\left[(1 + x^4)^{\frac{1}{2}} - x^2 \right]^{\frac{1}{2}}};$

$$S = \text{arc tang}\,\frac{x}{\left[(1 + x^4)^{\frac{1}{2}} - x^2 \right]^{\frac{1}{2}}}.$$

274. $z = \dfrac{x}{\left[(1 + x^6)^{\frac{1}{3}} - x^2 \right]^{\frac{1}{2}}};$

$$S = \text{arc tang}\,\frac{x}{\left[(1 + x^6)^{\frac{1}{3}} - x^2 \right]^{\frac{1}{2}}}.$$

275. Si on pose

$$z = \frac{\left(2\,x^m - 1\right)^{\frac{1}{2m}}}{x},$$

il en résulte

$$S = \int \frac{z^{2m-2}\,dz}{1 - z^{2m}}.$$

Comme application, on trouve

$$\int \frac{dx}{(1 - x^2)\left(2\,x^2 - 1\right)^{\frac{1}{4}}} = \frac{1}{4}\log \frac{\left(2\,x^2 - 1\right)^{\frac{1}{4}} - x}{\left(2\,x^2 - 1\right)^{\frac{1}{4}} + x}$$

$$+ \frac{1}{2}\,\text{arc tang}\,\frac{\left(2\,x^2 - 1\right)^{\frac{1}{4}}}{x}.$$

276. Posant

$$z = \left(2\,x^m - 1\right)^{\frac{1}{2m}},$$

il vient

$$S = 2\int \frac{z^{2m-1}\,dz}{1 - z^{2m}}.$$

La plupart des exercices de ce paragraphe sont empruntés à Euler.

§ V. — *Intégration par réductions successives.*

277. $\quad S = \dfrac{1}{2\,(n-1)}\dfrac{x}{a^2\,(a^2 + x^2)^{n-1}} + \dfrac{2\,n - 3}{2\,(n-1)}\dfrac{1}{a^2}\int \dfrac{dx}{(a^2 + x^2)^{n-1}}.$

Si n est positif et entier, l'intégrale est ramenée à $\displaystyle\int \frac{dx}{a^2 + x^2}.$

Pour $n = 4$, on trouve

$$S = \frac{1}{6}\frac{x}{a^2\,(a^2 + x^2)^3} + \frac{5}{6.4}\frac{x}{a^4\,(a^2 + x^2)^2} + \frac{5.3}{6.4.2}\frac{x}{a^6\,(a^2 + x^2)}$$

$$+ \frac{5.3}{6.4.2}\frac{1}{a^7}\,\text{arc tang}\,\frac{x}{a}.$$

278. $\quad S = -\dfrac{1}{2(p-1)}\dfrac{x^{n-1}}{(a^2+x^2)^{p-1}} + \dfrac{n-1}{2(p-1)}\displaystyle\int\dfrac{x^{n-2}\,dx}{(a^2+x^2)^{p-1}}.$

n et p étant positifs et entiers, l'intégrale se réduit à l'une des trois formes

$$\int\frac{dx}{(a^2+x^2)^k},\quad \int\frac{x\,dx}{(a^2+x^2)^k},\quad \int x^k\,dx,$$

où k désigne un nombre entier positif.

Pour $n=4$, $p=2$, on trouve

$$S = -\frac{x^3}{2(a^2+x^2)} + \frac{3}{2}\left(x - \text{arc tang}\,\frac{x}{a}\right).$$

279. $\quad S = \dfrac{x(a^2-x^2)^{\frac{n}{2}}}{n+1} + \dfrac{na^2}{n+1}\displaystyle\int(a^2-x^2)^{\frac{n-2}{2}}\,dx.$

Pour $n=5$,

$$S = \frac{x(a^2-x^2)^{\frac{5}{2}}}{6} + \frac{5}{6.4}a^2 x(a^2-x^2)^{\frac{3}{2}} + \frac{5.3}{6.4.2}a^4 x(a^2-x^2)^{\frac{1}{2}}$$

$$+ \frac{5.3}{6.4.2}a^6\,\text{arc sin}\,\frac{x}{a}.$$

280. $\quad S = \dfrac{1}{n-1}\cdot\dfrac{(x^2-1)^{\frac{1}{2}}}{x^{n-1}} + \dfrac{n-2}{n-1}\displaystyle\int\dfrac{dx}{x^{n-2}(x^2-1)^{\frac{1}{2}}}.$

Si n est impair, l'intégrale se ramène à

$$\int\frac{dx}{x(x^2-1)^{\frac{1}{2}}} = \text{arc séc}\,x\,;$$

si n est pair, à

$$\int\frac{dx}{x^2(x^2-1)^{\frac{1}{2}}} = \frac{(x^2-1)^{\frac{1}{2}}}{x}.$$

281. $\quad S = -\dfrac{1}{n-1}\dfrac{(x^2+1)^{\frac{1}{2}}}{x^{n-1}} - \dfrac{n-2}{n-1}\displaystyle\int\dfrac{dx}{x^{n-2}(x^2+1)^{\frac{1}{2}}}.$

Pour $n = 6$,

$$S = -\frac{1}{5}\frac{(1+x^2)^{\frac{1}{2}}}{x^5} + \frac{4}{5.3}\frac{(1+x^2)^{\frac{1}{2}}}{x^3} - \frac{4.2}{5.3}\frac{(1+x^2)^{\frac{1}{2}}}{x}.$$

232. $\quad S = \frac{2}{~}\frac{x^n(a+bx)^{\frac{1}{2}}}{(2n+1)b} - \frac{2n}{2n+1}\frac{a}{b}\int\frac{x^{n-1}\,dx}{(a+bx)^{\frac{1}{2}}}.$

Pour $n = 3$,

$$S = 2\left(\frac{x^3}{7b} - \frac{6}{7.5}\frac{ax^2}{b^2} + \frac{6.4}{7.5.3}\frac{a^2x}{b^3} + \frac{6}{7}\frac{4.2}{5.3}\frac{a^3}{b^4}\right)(a+bx)^{\frac{1}{2}}.$$

Pour $n = 4$, $b = 1$,

$$S = 2(a+x)^{\frac{1}{2}}\left[\begin{array}{c}\dfrac{x^4}{9} - \dfrac{8}{9.7}ax^3 + \dfrac{8.6}{9.7.5}a^2x^2 \\[2mm] - \dfrac{8.6.4}{9.7.5.3}a^3x + \dfrac{8.6.4}{9.7\ 5.3}\cdot 2\,a^4\end{array}\right].$$

233. $\quad S = \frac{1}{(n-1)a}\frac{(a+bx)^{\frac{1}{2}}}{x^{n-1}} - \frac{b}{2a}\frac{2n-3}{n-1}\int\frac{dx}{x^{n-1}}(a+bx)^{\frac{1}{2}}.$

Pour $n = 3$,

$$S = \left(\frac{3b}{4a^2x} - \frac{1}{2ax^2}\right)(a+bx)^{\frac{1}{2}} + \frac{3b^2}{8a^3}\frac{1}{a^{\frac{1}{2}}}\log\frac{(a+bx)^{\frac{1}{2}} - a^{\frac{1}{2}}}{(a+bx)^{\frac{1}{2}} + a^{\frac{1}{2}}}.$$

234. $\quad S = \frac{3}{(3n+2)b}\frac{x^n(a+bx)^{\frac{2}{3}}}{~} \frac{3n}{3n+2}\frac{a}{b}\int\frac{x^{n-1}\,dx}{(a+bx)^{\frac{1}{3}}}.$

Pour $n = 2$,

$$S = \frac{3(a+bx)^{\frac{2}{3}}}{b^3}\left[\frac{(a+bx)^2}{8} - \frac{2}{5}a(a+bx) + \frac{a^2}{2}\right].$$

235. $\quad S = \frac{x^{n-1}(a+bx+cx^2)^{\frac{1}{2}}}{nc} - \frac{n-1}{n}\frac{a}{c}\int\frac{x^{n-2}\,dx}{(a+bx+cx^2)^{\frac{1}{2}}}$

$$- \frac{2n-1}{2n}\frac{b}{c}\int\frac{x^{n-1}\,dx}{(a+bx+cx^2)^{\frac{1}{2}}}.$$

Pour $n = 3$, $a = 1$, $b = c = -1$,

$$S = -\frac{(1 - x - x^2)^{\frac{1}{2}}}{24}(8x^2 - 10x + 31) - \frac{17}{16}\text{ arc sin }\frac{2x + 1}{5^{\frac{1}{2}}}.$$

286. $\quad S = \dfrac{-b\sin x}{(n-1)(a^2 - b^2)(a + b\cos x)^{n-1}}$

$$+ \frac{(2n-3)a}{(n-1)(a^2 - b^2)} \int \frac{dx}{(a + b\cos x)^{n-1}}$$

$$- \frac{n-2}{(n-1)(a^2 - b^2)} \int \frac{dx}{(a + b\cos x)^{n-2}}.$$

En faisant $n = 2$, la dernière intégrale disparaît, et il vient

$$\int \frac{dx}{(a + b\cos x)^2} = \frac{1}{(a^2 - b^2)}$$

$$\times \left\{ \frac{-b\sin x}{a + b\cos x} + \frac{2a}{(a^2 - b^2)^{\frac{1}{2}}}\text{ arc tang}\left[\left(\frac{a - b}{a + b}\right)^{\frac{1}{2}}\text{ tang }\frac{x}{2}\right] \right\}.$$

S pourra donc s'obtenir au moyen de cette dernière formule et de celle du n° **216.**

On déduirait facilement de là

$$\int \frac{\cos x\, dx}{(a + b\cos x)^2} = \frac{1}{(a^2 - b^2)}$$

$$\times \left\{ \frac{a\sin x}{a + b\cos x} - \frac{2b}{(a^2 - b^2)^{\frac{1}{2}}}\text{ arc tang}\left[\left(\frac{a - b}{a + b}\right)^{\frac{1}{2}}\text{ tang }\frac{x}{2}\right] \right\}.$$

§ VI. — *Intégration des fonctions de plusieurs variables.*

Formule type :

$$du = M\, dx + N\, dy.$$

287. Le caractère d'intégrabilité

$$\frac{dM}{dy} = \frac{dN}{dx}$$

étant satisfait, on trouve en intégrant d'abord par rapport

à y,

$$u = by^2 + \int dx[a + (1 + x^2)^{-\frac{1}{2}}] = by^2 + ax + \log C[x + (1 + x^2)^{\frac{1}{2}}].$$

288. Intégrant d'abord par rapport à y et observant que. M n'a pas de termes renfermant y seul, on trouve

$$u = \frac{(x^2 + y^2)^{\frac{1}{2}}}{x} + \dot{C}.$$

La remarque dont nous profitons ici a de l'importance; elle abrége souvent les calculs.

289.
$$\frac{dM}{dy} = - \frac{y}{(x^2 + y^2)^{\frac{3}{2}}} = \frac{dN}{dy}.$$

M ne contenant pas de terme indépendant de x, on a

$$\int dx \left(M - \frac{d}{dx} \int N\, dy \right) = \text{const},$$

et, par suite,

$$u = \log C\, [x + (x^2 + y^2)^{\frac{1}{2}}].$$

290. $\quad u = \dfrac{x^4}{4} + a^2 xy + b^3 y + C.$

291. $\quad u = \dfrac{3\, x^2 y^2}{2} - \dfrac{x^3}{3} - y - 2y^3 + C.$

292. $\quad u = a\, (x^2 + y^2)^{\frac{1}{2}} + \text{arc tang}\, \dfrac{x}{y} + by^2 + C.$

293. $\quad u = \log(y - x) - \dfrac{y}{y - x} + C.$

294. $\quad u = x \sin y + y \sin x + C.$

295. Les conditions d'intégrabilité de l'expression

$$P\, dx + Q\, dy + R\, dz$$

étant satisfaites, la règle donne

$$u = \frac{xy}{a - z} + C.$$

296. $\quad \displaystyle\int P\, dx = (x^2 + y^2 + z^2)^{\frac{1}{2}} + \text{arc tang}\, \dfrac{x}{z};$

en ne prenant de Q que les termes qui ne renferment pas x, et de R que ceux qui dépendent de z seulement, négligeant d'ailleurs la constante, $\int Q\, dy$ se réduit à zéro, $\int R\, dz$ à $\dfrac{z^2}{2}$, et on a

$$u = (x^2 + y^2 + z^2)^{\frac{1}{2}} + \text{arc tang}\,\frac{x}{z} + \frac{z^2}{2} + C.$$

297. $\quad u = xy + yz + zx + C.$

298. $\quad u = \dfrac{ax - by}{z} + C.$

§ VII. — *Quadrature des courbes planes.*

299. Il faut calculer

$$- \int (a^2 - y^2)^{\frac{1}{2}}\, dy \quad (\text{n}^\circ\, 207).$$

Si l'on prend a et o pour limites, cette expression se réduit à $\dfrac{\pi a^2}{4}$. Telle est donc la portion de surface comprise entre la courbe et les parties positives des axes.

300. L'équation de la courbe étant

$$y^2 (2a - x) = x^3,$$

on trouve, en intégrant par parties,

$$\text{aire} = - 2x (2ax - x^2)^{\frac{1}{2}} + 3 \int (2ax - x^2)^{\frac{1}{2}}\, dx.$$

La portion de plan comprise entre l'asymptote et la courbe est égale à trois fois l'aire du cercle de rayon a.

301. $\quad \text{Aire} = \dfrac{c^2}{2}\left(e^{\frac{x}{c}} - e^{-\frac{x}{c}} \right) = c (y^2 - c^2)^{\frac{1}{2}}.$

Désignons par $f(x)$ et $c\,F(x)$ l'ordonnée et l'aire qui répondent à l'abscisse x; on démontre facilement qu'on a les

relations suivantes, analogues à celles qui existent entre les
sinus et les cosinus :

$$c\,f\,(x + x') = f\,(x)\,f(x') + \mathrm{F}\,(x)\,\mathrm{F}\,(x'),$$
$$c\,f\,(x - x') = f\,(x)\,f(x') - \mathrm{F}\,(x)\,\mathrm{F}\,(x'),$$
$$c\,\mathrm{F}\,(x + x') = \mathrm{F}\,(x)\,f(x') + f\,(x)\,\mathrm{F}\,(x'),$$
$$c\,\mathrm{F}\,(x - x') = \mathrm{F}\,(x)\,f(x') - f\,(x)\,\mathrm{F}\,(x').$$

302. On est conduit à intégrer une différentielle binôme.
Il vient, en faisant le calcul,

$$\text{aire totale} = \frac{3\,\pi\,\alpha\,6}{8}.$$

On arrive beaucoup plus rapidement à ce résultat au
moyen du théorème suivant, dû à M. Lejeune-Dirichlet :
Soit

$$\mathrm{V} = \int dx \int dy \int dz \ldots x^{a-1}\,y^{b-1}\,z^{c-1}\ldots$$

Les limites étant données par la condition qu'on ait toujours

$$\left(\frac{x}{\alpha}\right)^{p} + \left(\frac{y}{6}\right)^{q} + \left(\frac{z}{\gamma}\right)^{r} + \text{etc.} \lesseqgtr 1,$$

et les quantités $a, b, c, \ldots, \alpha, 6, \gamma, \ldots, p, q, r, \ldots$, étant
positives, la fonction V aura pour valeur

$$\frac{\alpha^{a}\,6^{b}\,\gamma^{c}}{pqr}\,\frac{\Gamma\left(\frac{a}{p}\right)\,\Gamma\left(\frac{b}{q}\right)\,\Gamma\left(\frac{c}{r}\right)\cdots}{\Gamma\left(1 + \frac{a}{p} + \frac{b}{q} + \frac{c}{r} + \cdots\right)}.$$

(*Voir* le tableau des *intégrales définies* données page 132.)

Or, l'aire cherchée A a pour expression $4 \int\!\!\int dx\,dy$, les
limites des intégrales étant assujetties à la condition

$$\left(\frac{x}{\alpha}\right)^{\frac{2}{3}} + \left(\frac{y}{6}\right)^{\frac{2}{3}} = 1;$$

on a donc

$$\frac{A}{4} = \frac{9\,\alpha\,b}{4} \frac{\left[\Gamma\left(\frac{3}{2}\right)\right]^2}{\Gamma(4)}.$$

D'ailleurs

$$\Gamma(4) = 1.2.3, \quad \Gamma\left(\frac{3}{2}\right) = \Gamma\left(1 + \frac{1}{2}\right) = \frac{1}{2}\,\Gamma\,\frac{1}{2},$$

puisqu'on a généralement

$$\Gamma(n) = 1.2.3\ldots(n-1) \quad \text{et} \quad \Gamma(n+1) = n\,\Gamma(n),$$

et comme $\Gamma\left(\frac{1}{2}\right) = \pi^{\frac{1}{2}}$, on retombe sur la formule déjà obtenue. Le théorème de M. Lejeune-Dirichlet se trouve dans le tome IV du *Journal* de M. Liouville.

303. En employant les coordonnées polaires, il vient

$$\text{aire} = \frac{1}{4}\,a^2 \sin 2\,\theta + C.$$

L'aire totale est égale à a^2.

304. (*Fig.* 24.) Pour avoir l'aire enfermée dans la ligne ODCAHG, on intègre depuis $\theta = 0$ jusqu'à la première valeur de θ qui annule le rayon vecteur, et on double le résultat. Soit α cette valeur fournie par l'équation de la courbe, on trouve

$$\text{aire ODCAHG} = \frac{1}{2}\left[(a^2 + 2\,b^2)\,\alpha + 3\,b\,(a^2 - b^2)^{\frac{1}{2}}\right].$$

On a aussi

$$\text{aire OEBF} = \frac{1}{2}\left[(a^2 + 2\,b^2)\,(\pi - \alpha) - 3\,b\,(a^2 - b^2)^{\frac{1}{2}}\right].$$

305. $\text{aire} = \frac{1}{2}\left[a^2 \tang\theta + 2\,ab \log \tang\left(\frac{\pi}{4} + \frac{\theta}{2}\right) + b^2\theta\right] + C.$

306. En faisant usage des coordonnées du n° 157, on trouve facilement

$$r^2\,d\theta = p\,ds = p\,(dr^2 + r^2 d\theta^2)^{\frac{1}{2}};$$

et, par suite,

$$\frac{1}{2}\int r^2\,d\theta = \frac{1}{2}\int\frac{pr\,dr}{\left(r^2-p^2\right)^{\frac{1}{2}}}.$$

Appliquant cette formule à l'épicycloïde qui a pour équation (n° **167**)

$$p^2 = \frac{c^2\left(r^2-a^2\right)}{c^2-a^2},$$

il vient

$$\text{aire} = \frac{c}{2\,a}\int\frac{rdr\left(r^2-a^2\right)^{\frac{1}{2}}}{\left(c^2-r^2\right)^{\frac{1}{2}}} = \frac{c}{2\,a}\int\frac{rdr\left(r^2-a^2\right)^{\frac{1}{2}}}{\left[c^2-a^2-\left(r^2-a^2\right)\right]^{\frac{1}{2}}}$$

$$= -\frac{c\left(r^2-a^2\right)^{\frac{1}{2}}\left(c^2-r^2\right)^{\frac{1}{2}}}{4\,a} + \frac{c\left(c^2-a^2\right)}{4\,a}\arcsin\left(\frac{r^2-a^2}{c^2-a^2}\right)^{\frac{1}{2}}.$$

On déduit de là que l'aire engendrée par le rayon vecteur pendant une révolution entière du cercle mobile a pour expression

$$\frac{c\left(c^2-a^2\right)\pi}{4\,a} = \frac{\varpi b}{a}\left(a^2+3\,ab+2\,b^2\right),$$

en remplaçant c par sa valeur $a+2\,b$.

Cette expression renferme, outre l'aire comprise entre le cercle fixe et l'épicycloïde, un secteur du cercle fixe dont l'arc a pour longueur la circonférence mobile. Ce secteur ayant pour valeur ϖab, la surface restante est égale à

$$\frac{\varpi b^2}{a}\left(3\,a+2\,b\right).$$

§ VIII. — *Rectification des courbes.*

Nota. — Nous désignerons généralement l'arc cherché par S.

307. La longueur totale de la courbe est égale à $6\,a$.

308. Le rapport de l'arc à l'aire correspondante est égal à $\frac{1}{c}$.

309. $S = a \log \dfrac{y}{a}$, l'arc étant supposé nul pour $y = a$.

310. Quand une courbe est la développée d'une courbe connue, il suffit, pour la rectifier, de prendre la différence des rayons de courbure de la développante qui correspondent aux extrémités de l'arc dont on veut trouver la longueur. Ainsi, en observant que dans l'ellipse le rayon de courbure est $\dfrac{b^2}{a}$ à l'extrémité du grand axe et $\dfrac{a^2}{b}$ à celle du petit, on a

$$\frac{a^2}{b} - \frac{b^2}{a} = \frac{a^3 - b^3}{ab}$$

pour le quart de la longueur de la développée.

311. En faisant usage des coordonnées de la note du n° **157**, on trouve

$$ds = \frac{r\,dr}{\left(r^2 - p^2\right)^{\frac{1}{2}}};$$

et pour l'épicycloïde,

$$S = \frac{\left(c^2 - a^2\right)^{\frac{1}{2}}}{a} \int \frac{r\,dr}{\left(c^2 - r^2\right)^{\frac{1}{2}}} = - \frac{c^2 - a^2}{a} \left(c^2 - r^2\right)^{\frac{1}{2}} + C.$$

Pour une révolution du cercle mobile

$$S = 8\frac{b}{a}\left(a + b\right);$$

on trouverait pour l'hypocycloïde correspondante,

$$S = 8\frac{b}{a}\left(a - b\right).$$

312. En employant des coordonnées polaires, on a

$$x = r\cos\theta\sin\varphi, \quad y = r\sin\theta\sin\varphi, \quad z = r\cos\varphi;$$

d'où l'on déduit pour les équations de la courbe

$$\sin\varphi\left(e^{n\theta} + e^{-n\theta}\right) = 2,$$

$$r = a.$$

On tire des mêmes formules, en observant que r est constant,

$$ds^2 = a^2 \left(\sin^2 \varphi \, d\theta^2 + d\varphi^2 \right).$$

La première équation de la courbe nous donne

$$n \, d\theta = \pm \frac{d\varphi}{\sin \varphi};$$

d'où

$$ds = \frac{\left(1 + n^2 \right)^{\frac{1}{2}}}{n} \, d\varphi,$$

et, par suite,

$$S = \int_0^\pi \frac{\left(1 + n^2 \right)^{\frac{1}{2}}}{n} \, d\varphi = \pi \frac{\left(1 + n^2 \right)^{\frac{1}{2}}}{n}.$$

§ IX. — *Cubature.*

313. Le paraboloïde elliptique a pour équation

$$\frac{z^2}{a} + \frac{y^2}{b} = 2\,x.$$

Soit

$$y_1 = \left(2\,bx \right)^{\frac{1}{2}},$$

on en déduit, V désignant le volume cherché,

$$V = \int_0^x \int_0^{y_1} z \, dx \, dy = \left(\frac{a}{b} \right)^{\frac{1}{2}} \int_0^x \int_0^{y_1} dx \, dy \left(2\,bx - y^2 \right)^{\frac{1}{2}}$$

$$= \frac{\varpi}{4}\, x^2 \left(ab \right)^{\frac{1}{2}}.$$

314. Si l'on désigne par y_1 une constante, on trouve

$$V = \frac{1}{c} \int_0^a \int_0^{y_1} y \left(a^2 - x^2 \right)^{\frac{1}{2}} dx \, dy = \frac{\varpi a^2 y_1^2}{8c}.$$

315. $\quad V = \int_0^x \int_0^{y_1} dx \, dy \, x \, \varphi \left(\frac{y}{x} \right),$

y_1 étant donnée par l'équation

$$\varphi\left(\frac{y_1}{x}\right) = 0\,;$$

on a donc

$$y_1 = \alpha x\,,$$

en désignant par α une constante. Soit fait $\frac{y}{x} = \omega$, il en résulte

$$V = \int_0^x \int_0^\alpha x^2\, dx\, \varphi(\omega)\, d\omega = \frac{x^3}{3} \int_0^\alpha \varphi(\omega)\, d\omega.$$

Appelons S l'aire de la section faite dans le cône par un plan parallèle à zy et à une distance x de ce plan, on aura

$$S = \int_0^{\alpha x} z\, dy = x^2 \int_0^\alpha \varphi(\omega)\, d\omega,$$

et, par suite,

$$V = \frac{S\,x}{3},$$

résultat connu.

316. Soient

$$x^2 + z^2 = a^2, \qquad x^2 + y^2 = a^2,$$

les équations des deux cylindres, on a en posant $y_1 = (a^2 - x^2)^{\frac{1}{2}}$,

$$\frac{V}{8} = \int_0^a \int_0^{y_1} dx\, dy\, (a^2 - x^2)^{\frac{1}{2}} = \frac{2\,a^3}{3}\cdot$$

Le volume cherché est donc égal à $\dfrac{16\,a^3}{3}\cdot$

317. Soient

$$x^2 + y^2 + z^2 = a^2, \qquad x^2 + y^2 = b^2,$$

les équations de la sphère et du cylindre ; on a

$$V = \int\!\!\int dz\, x\, dy.$$

Posons

$$x = r \cos\theta, \quad y = r \sin\theta,$$

il viendra

$$\frac{V}{2} = \int_0^b \int_0^{2\pi} z \, r dr d\theta = \int_0^b \int_0^{2\pi} r dr d\theta \, (a^2 - r^2)^{\frac{1}{2}}$$

$$= \frac{2\pi}{3} \left[a^3 - (a^2 - b^2)^{\frac{3}{2}} \right].$$

318. Les surfaces ont pour équations

$$x^2 + y^2 + z^2 = a^2, \qquad x^2 + y^2 = ax.$$

En opérant comme au numéro précédent, on trouve

$$\frac{V}{4} = \int_0^{a\cos\theta} \int_0^{\frac{\pi}{2}} r dr \, d\theta \, (a^2 - r^2)^{\frac{3}{2}} = \frac{a^3}{3} \left(\frac{\pi}{2} - \frac{2}{3} \right).$$

Le volume cherché est donc

$$\frac{2\pi a^3}{3} - \frac{8}{9} a^3,$$

et la portion de la demi-sphère non comprise dans le cy-lindre est égale au neuvième du cube du diamètre de la sphère (n° 325).

319. On a (n° 207)

$$\frac{V}{4} = \int\int dx \, dy \, (4ax - y^2)^{\frac{1}{2}}$$

$$= \frac{1}{2} \int_0^a dx \left[x (4a^2 - x^2)^{\frac{1}{2}} + 4ax \arcsin \frac{1}{2} \left(\frac{2a - x}{a} \right)^{\frac{1}{2}} \right]$$

$$= a^3 \left(\frac{4}{3} + \frac{\pi}{2} \right);$$

par suite,

$$V = a^3 \left(\frac{16}{3} + 2\pi \right).$$

320. ABDC (*fig.* 25) représente la section faite dans le solide par le plan qui contient les deux axes. Le point le plus haut de la portion de volume située au-dessus de ABDC se projette en O, point de rencontre des diagonales de ce losange. A une distance z du plan des axes, menons un plan qui lui soit parallèle; la section obtenue se projettera en PQSR qui est sa vraie grandeur. Soient A la section, a le rayon de base commun aux deux cylindres, V le volume cherché, on aura

$$V = 2 \int_0^a A\, dz.$$

Abaissons $OK = p$ perpendiculaire sur PQ, il en résulte

$$2p = PQ \sin \alpha, \quad A = \frac{4p^2}{\sin \alpha}.$$

D'ailleurs p, z et a formant un triangle rectangle,

$$p^2 = a^2 - z^2;$$

d'où enfin

$$V = \frac{8}{\sin \alpha} \int_0^a (a^2 - z^2)\, dz = \frac{16\,a^3}{3 \sin \alpha}.$$

321. Il suffit d'évaluer le volume QEDB (*fig.* 26). AB est perpendiculaire à ED, trace du plan sécant sur la base dont le centre est C. Soit $PN\,np = A$ la section faite par un plan perpendiculaire à la base et dont la trace Nn est parallèle à ED; si l'on pose

$$CB = a, \quad CM = x, \quad MN = y. \quad PN = z,$$

on aura (n° **320**)

$$V = \int_0^a A\, dx = 2 \int_0^a yz\, dx.$$

Or

$$z = x \tang \alpha, \quad y^2 + x^2 = a^2;$$

donc

$$V = \frac{2}{3} a^3 \tang \alpha.$$

522. En prenant l'asymptote pour axe des x, la cissoïde a pour équation

$$x^2 y = (2a - y)^3;$$

il en résulte

$$V = \varpi \int y^2 dx = - \frac{\varpi}{2} \int_0^{2a} dy \left[3 y^{\frac{3}{2}} (2a - y)^{\frac{1}{2}} + y^{\frac{1}{2}} (2a - y)^{\frac{3}{2}} \right]$$

$$= \varpi \int_0^{2a} dy (a + y) (2ay - y^2)^{\frac{1}{2}} = 2 \varpi^2 a^3.$$

323. L'équation de la conchoïde étant

$$xy = (a + y)(b^2 - y^2)^{\frac{1}{2}},$$

le volume engendré par la révolution de cette courbe autour de l'axe des x a pour expression

$$V = \frac{\varpi^2 a b^2}{2} - \varpi a b^2 \arcsin \frac{y}{b} + \frac{\varpi}{3} (b^2 - y^2)^{\frac{1}{2}} (y^2 + 2 b^2).$$

En faisant $y = 0$ et doublant le résultat, on trouve pour le volume total

$$\varpi b^2 \left(\varpi a + \frac{4 b}{3} \right).$$

§ X. — *Quadrature des surfaces.*

324. Les équations des surfaces étant

$$x^2 + z^2 = a^2, \quad x^2 + y^2 = a^2,$$

on en tire

$$\frac{dz}{dx} = - \frac{x}{z}; \quad \frac{dz}{dy} = 0;$$

et en posant $y_1 = (a^2 - x^2)^{\frac{1}{2}}$,

$$S = 8a \int_0^a \int_0^{y_1} \frac{dx\,dy}{(a^2 - x^2)^{\frac{1}{2}}} = 8a^2.$$

325.　$$S = a \int\int \frac{dx\,dy}{(a^2 - x^2 - y^2)^{\frac{1}{2}}},$$

et en prenant des coordonnées polaires,

$$S = a \int_0^{\frac{\pi}{2}} \int_0^{a\cos\theta} \frac{r\,dr\,d\theta}{(a^2 - r^2)^{\frac{1}{2}}} = a^2 \left(\frac{\pi}{2} - 1\right):$$

c'est l'expression de la surface enlevée par le cylindre au $8^{\text{ième}}$ de la sphère. La portion détachée de la sphère totale sera donc quadruple de celle-là ; et si, au lieu d'un cylindre, on en suppose deux égaux, extérieurs l'un à l'autre, mais ayant une génératrice commune qui passe par le centre, la surface détachée sera $4\pi a^2 - 8a^2$, et par suite la surface restante est égale à deux fois le carré du diamètre.

Ce problème est celui que Viviani proposa, sous forme d'énigme, aux géomètres de son temps. Voici en quels termes il s'exprime dans les *Acta eruditorum* de 1692 :

« Inter venerabilia olim Græciæ monumenta extat
» adhuc, perpetuo quidem duraturum, Templum augustis-
» simum ichnographia circulari *almæ Geometriæ* dicatum,
» quod testudine intus perfecte hemisphærica operitur;
» sed in hac fenestrarum quatuor æquales areæ (circum ac
» supra basin hemisphæræ ipsius dispositarum) tali confi-
» guratione, amplitudine, tantaque industria ac ingenii
» acumine sunt extructæ, ut his detractis superstes curva
» testudinis superficies, pretioso opere musivo ornata,
» tetragonismi vere geometrici sit capax. » (*Voir* nᵒ 318).

326.　L'élément de la circonférence de base du cylindre

étant

$$\frac{a}{2}\frac{dx}{(ax-x^2)^{\frac{1}{2}}},$$

on a

$$\frac{S}{4} = \frac{a}{2}\int_0^a \frac{z\,dx}{(ax-x^2)^{\frac{1}{2}}} = a^2;$$

d'où

$$S = 4\,a^2.$$

527. (*Voir* n° 321 et *fig.* 26.) ds désignant l'élément de l'arc DNB, la surface QDNB a pour expression

$$\int z\,ds = a\,\text{tang}\,\alpha \int_0^a \frac{x\,dx}{(a^2-x^2)^{\frac{1}{2}}} = a^2\,\text{tang}\,\alpha.$$

L'aire de la surface **QEBD** est donc

$$2\,a^2\,\text{tang}\,\alpha.$$

528. $\quad S = 2\varpi \int_0^\infty dx\,y\left(1 + \frac{dy^2}{dx^2}\right)^{\frac{1}{2}} = 2\varpi a \int_0^a dy = 2\pi a^2$

§ XI. — *Changement de variables sous le signe d'intégration.*

529. La méthode générale nous donne

$$dx\,dy = \left(\frac{dx}{du}\frac{dy}{dv} - \frac{dx}{dv}\frac{dy}{du}\right)du\,dv;$$

ce qui se réduit ici à

$$dx\,dy = u\,du\,dv;$$

on a donc

$$\int\int x^m\,y^n\,dx\,dy = \int\int u^{m+n+1}(1-v)^m v^n\,du\,dv.$$

Cette transformation a été donnée par M. Jacobi (*Journal*

de Crelle, tome XI) ; elle est d'un grand usage dans la recherche des intégrales définies.

530.
$$\int\int e^{x^2+y^2}\,dx\,dy = -\int\int e^{r^2}\,r\,dr\,d\theta.$$

531.
$$\int\int\int V\,dx\,dy\,dz = \int\int\int V\,r^2\,dr\,\sin\theta\,d\theta\,d\psi.$$

On reconnaît ici la transformation usitée quand on passe des coordonnées rectangles aux coordonnées polaires.

532. Il résulte des équations données qu'on a

$$z = c\cos\theta, \qquad \frac{dz}{dx} = -\frac{c\sin\theta\cos\varphi}{a\cos\theta},$$

$$\frac{dz}{dy} = -\frac{c\sin\theta\sin\varphi}{b\cos\theta}.$$

D'ailleurs,

$$dx\,dy = ab\cos\theta\sin\theta\,d\theta\,d\varphi;$$

l'intégrale prend alors la forme

$$\int\int d\theta\,d\varphi\,\sin\theta\,[a^2 b^2\cos^2\theta + c^2\sin^2\theta\,(a^2\sin^2\varphi + b^2\cos^2\varphi)]^{\frac{1}{2}}.$$

(Ivory.)

§ XII. — *Intégrales définies.*

Formules généralement connues et d'un usage fréquent.

$$(A)\quad \Gamma(n) = \int_0^\infty e^{-x} x^{n-1}\,dx = \frac{1}{n}\int_0^\infty e^{-x^{\frac{1}{n}}}\,dx.$$

$$(B)\quad \Gamma\left(\frac{1}{2}\right) = 2\int_0^\infty e^{-x^2}\,dx = \pi^{\frac{1}{2}}.$$

$$(C)\quad \Gamma(n+1) = n\,\Gamma(n).$$

$$(E)\quad \Gamma(n)\,\Gamma(1-n) = \frac{\pi}{\sin n\pi}.$$

$$(F) \quad \int_0^\infty \frac{x^{2m}\,dx}{1+x^{2n}} = \frac{\pi}{2n \sin \dfrac{(2m+1)\pi}{2n}}.$$

$$(G) \quad (a,\,b) = \int_0^1 x^{a-1}(1-x)^{b-1}\,dx = \frac{\Gamma(a)\,\Gamma(b)}{\Gamma(a+b)}.$$

$$(H) \quad \int_0^\infty \frac{\sin bx}{x} = \frac{\pi}{2}, \quad b > 0.$$

$$(K) \quad \int \frac{\cos ax}{1+x^2}\,dx = \frac{\pi}{2}\,e^{-a}.$$

---

333. Le multiplicateur de dx a x^{n-1} pour dérivée par rapport à n; d'ailleurs

$$\int_0^1 x^{n-1}\,dx = \frac{1}{n};$$

si donc on multiplie les deux membres de cette égalité par dn et si l'on intègre, il viendra

$$\int_1^n dn \int_0^1 x^{n-1}\,dx = \int_0^1 \frac{x^{n-1}-1}{\log x}\,dx = \log n.$$

On aurait de la même manière

$$\int_0^1 \frac{x^{m-1}-x^n}{\log x}\,dx = \log \frac{m}{n},$$

ce qui se déduit aussi immédiatement du résultat qui précède.

334. Soit

$$x = \operatorname{tang}\varphi;$$

u devient

$$\int_0^{\frac{\pi}{4}} \log(1+\operatorname{tang}\varphi)\,d\varphi = \int_0^{\frac{\pi}{4}} \log \frac{2^{\frac{1}{2}}\cos\left(\frac{\pi}{4}-\varphi\right)}{\cos\varphi}\,d\varphi$$

$$= \frac{\pi}{8}\log 2 + \int_0^{\frac{\pi}{4}} \log\cos\left(\frac{\pi}{4}-\varphi\right)d\varphi - \int_0^{\frac{\pi}{4}} \log\cos\varphi\,d\varphi.$$

On voit sans calcul que les deux dernières intégrales se détruisent ; donc

$$u = \frac{\pi}{8} \log 2.$$

355. De l'intégrale connue (Formule B)

$$\int_0^{\infty} e^{-hu^2} du = \frac{1}{2} \left(\frac{\varpi}{h} \right)^{\frac{1}{2}},$$

on tire en intégrant par rapport à h,

$$(1) \qquad \int_0^{\infty} e^{-hu^2} \frac{du}{u^2} = C - (\varpi h)^{\frac{1}{2}}.$$

Faisons $\frac{1}{u} = x$, puis mettons successivement a^2 et b^2 au lieu de h dans l'expression en x ; nous en déduirons

$$\int_0^{\infty} \left(e^{-\frac{a^2}{x^2}} - e^{-\frac{b^2}{x^2}} \right) dx = (a - b) \pi^{\frac{1}{2}}.$$

On peut remarquer que la détermination de C n'eût pas été possible au moyen de l'équation (1). L'élimination que nous avons exécutée ici peut servir dans plusieurs cas semblables.

356. On trouve au moyen de l'intégration par parties,

$$\int \frac{x \log x \, dx}{(1 - x^2)^{\frac{1}{2}}} = (1 - x^2)^{\frac{1}{2}} - \log \left[1 + (1 - x^2)^{\frac{1}{2}} \right]$$
$$+ \left[1 - (1 - x^2)^{\frac{1}{2}} \right] \log x ;$$

et, en ayant égard aux limites,

$$u = \log 2 - 1.$$

$$337. \quad u = \lim \frac{\pi}{2n} \left[\begin{array}{l} \log \sin \left(\frac{1}{n} \frac{\pi}{2} \right) + \log \sin \left(\frac{2}{n} \frac{\pi}{2} \right) + \cdots \\ + \log \sin \left(\frac{n-1}{n} \frac{\pi}{2} \right) \end{array} \right]$$

$$= \lim \frac{\pi}{2n} \log \left[\sin \left(\frac{1}{n} \frac{\pi}{2} \right) \sin \left(\frac{2}{n} \frac{\varpi}{2} \right) \cdots \sin \left(\frac{n-1}{n} \frac{\varpi}{2} \right) \right],$$

n croissant indéfiniment.

On a, d'ailleurs, par le théorème de Cotes,

$$\frac{z^{2n}-1}{z^2-1} = \left(z^2 - 2z \cos \frac{1}{n} \pi + 1 \right) \left(z^2 - 2z \cos \frac{2}{n} \pi + 1 \right) \cdots$$
$$\left(z^2 - 2z \cos \frac{n-1}{n} \pi + 1 \right).$$

Pour $z = 1$, cette identité nous donne

$$n = 2^{2(n-1)} \sin^2 \left(\frac{1}{n} \frac{\pi}{2} \right) \sin^2 \left(\frac{2}{n} \frac{\pi}{2} \right) \cdots \sin^2 \left(\frac{n-1}{n} \frac{\pi}{2} \right) ;$$

et, par suite,

$$\frac{\log n - 2(n-1)\log 2}{2}$$

$$= \log \left[\sin \left(\frac{1}{n} \frac{\pi}{2} \right) \sin \left(\frac{2}{n} \frac{\pi}{2} \right) \cdots \sin \left(\frac{n-1}{n} \frac{\pi}{2} \right) \right].$$

Multiplions les deux membres de cette égalité par $\frac{\pi}{2n}$ et passons aux limites, il vient

$$u = \frac{\pi}{2} \log \frac{1}{2}.$$

(Leslie Ellis.)

338. Cette intégrale se ramène immédiatement à la précédente en posant

$$x = \sin u.$$

339. L'intégration par parties nous donne

$$\int \frac{x^2 \log x \, dx}{(1 - x^2)^{\frac{1}{2}}} = - \frac{x (1 - x^2)^{\frac{1}{2}}}{2} \log x$$

$$+ \frac{1}{2} \int dx (1 - x^2)^{\frac{1}{2}} + \frac{1}{2} \int \frac{\log x \, dx}{(1 - x^2)^{\frac{1}{2}}}.$$

En passant aux limites et tenant compte de l'intégrale du numéro précédent, il vient

$$u = \frac{\pi}{4} (1 - \log 2).$$

340. $\quad u = \displaystyle\int_0^{\frac{\pi}{2}} \frac{x \sin x \, dx}{1 + \cos^2 x} + \int_{\frac{\pi}{2}}^{\pi} \frac{x \sin x \, dx}{1 + \cos^2 x}.$

Faisons dans la seconde intégrale

$$x = \pi - y,$$

elle devient

$$- \int_0^{\frac{\pi}{2}} \frac{y \sin y \, dy}{1 + \cos^2 y} + \pi \int_0^{\frac{\pi}{2}} \frac{\sin y \, dy}{1 + \cos^2 y}.$$

On a donc simplement

$$u = \pi \int_0^{\frac{\pi}{2}} \frac{\sin y \, dy}{1 + \cos^2 y} = \frac{\pi^2}{4}.$$

341. Cette intégrale, qui reproduit comme cas particulier celle du n° **337**, quand on y fait $a = 1$, peut s'obtenir de la même manière. Elle est égale à la limite de l'expression suivante :

$$\frac{\pi}{n} \cdot \left[\log \left(a^2 - 2 a \cos\frac{1}{n}\pi + 1 \right) + \log \left(a^2 - 2 a \cos\frac{2}{n}\pi + 1 \right) \cdots \right. \\ \left. + \log \left(a^2 - 2 a \cos\frac{n-1}{n}\pi + 1 \right) \right],$$

quand n croît indéfiniment.

Cette valeur peut s'écrire

$$\frac{\pi}{n} \cdot \left[\log \left(a^2 - 2a \cos \frac{1}{n} \pi + 1 \right) \left(a^2 - 2a \cos \frac{2}{n} \pi + 1 \right) \times \left(a^2 - 2a \cos \frac{n-1}{n} \pi + 1 \right) \right].$$

D'ailleurs, en vertu du théorème de Cotes, la quantité affectée de la caractéristique *log* est égale à

$$\frac{a^{2n} - 1}{a^2 - 1};$$

donc

$$u = \lim \left\{ \frac{\pi}{n} \log \frac{a^{2n} - 1}{a^2 - 1} \right\}.$$

Pour $a < 1$, cette limite est 0;
pour $a > 1$ elle est $\pi \log a^2$.

542. On a

$$\int \frac{\log x \, dx}{1 + x} = \log x \log (1 + x) - \int \frac{\log (1 + x) \, dx}{x},$$

et, par suite,

$$u = - \int_0^1 \frac{\log (1 + x)}{x} \, dx.$$

D'ailleurs, pour toutes les valeurs de x, de 0 à 1,

$$\log (1 + x) = x - \frac{x^2}{2} + \frac{x^3}{3} - \text{etc.}$$

Multipliant les deux membres de cette égalité par $\dfrac{dx}{x}$ et intégrant entre les limites 0 et 1, il vient

$$u = - \left(1 - \frac{1}{2^2} + \frac{1}{3^2} - \frac{1}{4^2} + \text{etc.} \right) = - \frac{\pi^2}{12}.$$

(*Voir* n° **18** des QUESTIONS DIVERSES.)

543. On trouve, au moyen de l'intégration par parties,

$$u' = \int_0^1 \frac{\log(1-x)}{x}\,dx.$$

D'un autre côté,

$$\int_0^1 \frac{\log(1-x)}{x}\,dx + \int_0^1 \frac{\log(1+x)\,dx}{x} = \frac{1}{2}\int_0^1 \log\frac{1-x^2)\,d.x^2}{x^2};$$

ou bien

$$\int_0^1 \frac{\log(1-x)\,dx}{x} = -2\int_0^1 \frac{\log(1+x)\,dx}{x} = -\frac{\pi^2}{6},$$

en vertu du numéro précédent.

Cette intégrale aurait pu s'obtenir aussi en développant $\log(1-x)$ en série.

On déduirait facilement de ce numéro et du précédent,

$$\int_0^1 \frac{\log x\,dx}{1-x^2} = \int_0^1 \frac{\log x\,dx}{2(1-x)} + \int_0^1 \frac{\log x\,dx}{2(1+x)} = -\frac{\pi^2}{8};$$

et

$$\int_0^1 \frac{x\log x\,dx}{1-x^2} = \frac{1}{4}\int_0^1 \frac{\log x^2\,d.x^2}{1-x^2} = -\frac{\pi^2}{24}.$$

544. Supposons d'abord n pair et égal à $2a$. Le premier membre de l'égalité qu'il faut établir renferme donc $a-1$ facteurs de la forme $\Gamma(r)\,\Gamma(1-r)$, plus le facteur du milieu $\Gamma\left(\frac{1}{2}\right) = \pi^{\frac{1}{2}}$. Ce premier membre peut donc s'écrire (Formule E) :

$$\frac{\pi^{a-\frac{1}{2}}}{\sin\left(\frac{1}{a}\frac{\pi}{2}\right)\sin\left(\frac{2}{a}\frac{\pi}{2}\right)\ldots\sin\left(\frac{a-1}{a}\frac{\pi}{2}\right)}.$$

D'ailleurs, on a trouvé (n° 337),

$$a \cdot 2^{-2(a-1)} = \sin^2\left(\frac{1}{a}\frac{\pi}{2}\right)\sin^2\left(\frac{2}{a}\frac{\pi}{2}\right)\dots\sin^2\left(\frac{a-1}{a}\frac{\pi}{2}\right);$$

le produit considéré est donc bien égal à

$$(2\pi)^{\frac{n-1}{2}}\ n^{-\frac{1}{2}}.$$

Si n est impair, le nombre des facteurs est pair, et en recourant encore à la théorie des équations binômes, on retrouve la valeur précédente.

345. On tire de l'équation

$$\int_0^\infty e^{-ax^2}dx = \frac{1}{2}\left(\frac{\pi}{a}\right)^{\frac{1}{2}},\quad \text{(Formule B)}$$

en la différentiant n fois par rapport à a et posant ensuite $a = 1$,

$$\int_0^\infty x^{2n}\,e^{-ax^2}dx = \frac{1.3.5\dots(2n-1)}{2^{n+1}}\ \pi^{\frac{1}{2}}.$$

346. Posons

$$\frac{x}{x+h} = \frac{y}{1+h},$$

l'intégrale devient

$$\frac{1}{h^b(1+h)^a}\int_0^1 y^{a-1}(1-y)^{b-1}dy$$

$$= \frac{1}{h^b(1+h)^a}\ \frac{\Gamma(a)\Gamma(b)}{\Gamma(a+b)}.\quad \text{(Formule G)}$$

347. En différentiant par rapport à a l'équation connue (Formule K)

$$\int_0^\infty \frac{\cos ax\,dx}{1+x^2} = \frac{\pi}{2}e^{-a},$$

il vient

$$u = \frac{\pi}{2} e^{-a}.$$

348. En multipliant par da les deux membres de la formule employée dans le numéro précédent, intégrant entre les limites 0 et ∞, puis déterminant la constante arbitraire de telle sorte que l'intégrale s'évanouisse avec a, on trouve

$$u = \frac{\pi}{2}\left(1 - e^{-a}\right).$$

349. On a, pour toutes les valeurs de a moindres que l'unité,

$$(1 - 2a\cos bx + a^2)^{-1}$$
$$= \frac{1}{1 - a^2}\left(1 + 2a\cos bx + 2a^2\cos 2bx + 2a^3\cos 3bx + \ldots\right).$$

Multiplions par $\dfrac{dx}{1 + x^2}$ les deux membres de cette égalité, puis intégrons entre les limites 0 et ∞ en tenant compte de la formule K ; il viendra, toutes simplifications faites,

$$u = \frac{\pi}{2}\,\frac{1}{1 - a^2}\,\frac{1 + ae^{-b}}{1 - ae^{-b}}.$$

350. On a, pour toutes les valeurs de a moindres que l'unité,

$$\frac{\sin bx}{1 - 2a\cos bx + a^2} = \sin bx + a\sin 2bx + a^2\sin 3bx + \ldots ;$$

multipliant les deux membres par $\dfrac{xdx}{1 + x^2}$, intégrant entre les limites 0 et ∞ et ayant égard à l'intégrale du n° **347**, il vient

$$u = \frac{1}{2}\,\frac{\pi}{e^b - a}.$$

351. En opérant comme dans le n° **349** et observant qu'on a toujours

$$\int_0^\pi \cos bx \cos b' x = 0,$$

tant que b' est différent de b, on trouve

$$u = \frac{\pi a^b}{1 - a^2}.$$

Si le nombre a surpasse l'unité, on obtient la formule

$$u = \frac{\varpi}{a^b (a^2 - 1)}.$$

352. Différentiant par rapport à a, il vient

$$\frac{du}{da} = - 2 a \int_0^\infty \frac{dx}{x^2} e^{-\left(x^2 + \frac{a^2}{x^2}\right)}.$$

Si l'on remplace $\frac{a}{x}$ par z, le second membre se réduit à $- 2 u$, ce qui donne

$$u = C e^{-2a}.$$

Pour déterminer C, faisons $a = 0$ dans les deux valeurs de u; on trouve

$$C = \int_0^\infty e^{-x^2} dx = \frac{1}{2} \pi^{\frac{1}{2}};$$

et, par suite,

$$u = \frac{\pi^{\frac{1}{2}}}{2} e^{-2a}.$$

353. On a

$$\frac{du}{db} = - 2 \int_0^\infty x e^{-a^2 x^2} dx.$$

En appliquant l'intégration par parties au second membre, on trouve qu'il est égal à $- \frac{2 b}{a} u$; par conséquent

$$u = C e^{-\frac{b^2}{a^2}}.$$

La constante se détermine par l'hypothèse $b = 0$, ce qui donne

$$C = \int_0^\infty e^{-a^2 z^2} dz = \frac{\pi^{\frac{1}{2}}}{2\,a}. \qquad \text{(Formule B)}$$

554. On trouve par la différentiation

$$(1) \qquad \frac{du}{da} = 2\,n \int_0^\pi \frac{(\cos x - a)\sin^{2n} x\,dx}{(1 - 2\,a\cos x + a^2)^{n+1}},$$

$$(2) \qquad \left\{ \begin{aligned} \frac{d^2 u}{da^2} &= 4\,n(n+1) \int_0^\pi \frac{(\cos x - a)^2 \sin^{2n} x\,dx}{(1 - 2\,a\cos x + a^2)^{n+2}} \\ &\quad - 2\,n \int_0^\pi \frac{\sin^{2n} x\,dx}{(1 - 2\,a\cos x + a^2)^{n+1}}. \end{aligned} \right.$$

L'intégration par parties donne en outre

$$\int_0^\pi \frac{\cos x \sin^{2n} x\,dx}{(1 - 2\,a\cos x + a^2)^{n+1}} = \frac{2(n+1)a}{2\,n+1} \int_0^\pi \frac{\sin^{2n+2} x\,dx}{(1 - 2\,a\cos x + a^2)^{n+2}};$$

d'où

$$\frac{du}{da} = \frac{4\,n(n+1)}{2\,n+1} \int_0^\pi \frac{\sin^{2n+2} x\,dx}{(1 - 2\,a\cos x + a^2)^{n+2}}$$
$$- 2\,na \int_0^\pi \frac{\sin^{2n} x\,dx}{(1 - 2\,a\cos x + a^2)^{n+1}}.$$

Si l'on élimine la première intégrale du second membre entre cette dernière équation et l'équation (2), il viendra

$$\frac{d^2 u}{da^2} + \frac{2\,n+1}{a}\,\frac{du}{da} = 0;$$

d'où

$$u = c + c'\,a^{-2n}.$$

a étant < 1, c' doit être nul, sans quoi l'intégrale devrait croître indéfiniment quand on fait tendre indéfiniment a vers zéro, ce qui ne peut avoir lieu. La valeur de c résulte d'ailleurs de l'hypothèse $a = o$ qui donne

$$u = \int_0^\pi \sin^{2n} x\, dx = \frac{(2n-1)(2n-3)\ldots 3.1}{2n(2n-2)\ldots 4.2}\,\frac{\pi}{2}.$$

Si l'on suppose $a > 1$, on voit sans peine que l'intégrale s'obtient en multipliant l'expression précédente par a^{-2n}.

§ XIII. — *Équations linéaires à coefficients constants.*

355. Par la méthode de la variation des constantes on trouve

$$y = C e^{ax} - \frac{x^4}{a} - \frac{4\,x^3}{a^2} - \frac{4.3\,x^2}{a^3} - \frac{4.3.2\,x}{a^4} - \frac{4.3.2.1}{a^5}.$$

On arriverait au même résultat en observant que le second membre étant une fonction entière du quatrième degré en x, si l'on pose

$$y_1 = A + Bx + Cx^2 + Dx^3 + Ex^4,$$

il sera facile de déterminer les coefficients A, B, etc., de telle sorte que y_1 soit une intégrale particulière de l'équation proposée. Pour avoir l'intégrale générale, il suffira d'ajouter à y_1 l'intégrale générale de l'équation privée de second membre.

La méthode précédente peut toujours s'appliquer lorsque le second membre de l'équation est une fonction entière de x; elle convient encore quand il renferme, sans dénominateurs, des exponentielles, des sinus, des cosinus, dans lesquels x n'entre qu'au premier degré. Si, par exemple, le second membre contient e^{ax} ou $\sin ax$, on introduit dans l'expression de y_1 $A e^{ax}$ ou $A \sin ax + B \cos ax$, A et B étant deux indéterminées.

Le procédé que nous venons d'indiquer abrége souvent les calculs.

356. Conformément au numéro précédent, posons

$$y_1 = A\, e^{mx}.$$

Pour que y_1 soit une intégrale particulière de l'équation proposée, il faut qu'on ait

$$A = \frac{1}{a + m};$$

l'intégrale demandée est donc

$$y = C\, e^{-ax} + \frac{e^{mx}}{a + m}.$$

Si $m = -a$, la valeur de y, qui peut s'écrire

$$y = C'\, e^{-ax} + \frac{e^{mx} - e^{-ax}}{a + m},$$

prend la forme $\frac{o}{o}$. La vraie valeur de cette expression est

$$C'\, e^{-ax} + x e^{-ax}.$$

357. $\quad y = C e^{ax} + e^{mx} \dfrac{[(m - a)\cos px + p \sin px]}{(m - a)^2 + p^2}.$

358. $\quad y = A e^{-2x} + B e^{-x}.$

A et B sont deux fonctions de x déterminées par les relations

$$A = \int \frac{e^{2x}\, x\, dx}{(1 + x)^2}, \quad B = \int \frac{e^{x}\, x\, dx}{(1 + x)^2}.$$

On trouve

$$B = \frac{e^{x}}{1 + x} + C, \quad A = \frac{e^{2x}}{1 + x} - \int \frac{e^{2x}\, dx}{1 + x} + C';$$

et, par suite,

$$y = e^{-2x} \int \frac{e^{2x}\, dx}{1 + x} + C e^{-x} + C' e^{-2x}.$$

359. $\quad y = \dfrac{x^2}{4} + \dfrac{x}{2} + \dfrac{3}{8} + e^{2x}(C + C' x).$

560.
$$y = \frac{(m^2 - n^2)\sin nx + 2mn\cos nx}{(m^2 + n^2)^2} + c^{mx}(C + C'x).$$

Si l'on pose

$$\frac{m}{(m^2 + n^2)^{\frac{1}{2}}} = \cos\theta, \qquad \frac{m}{(m^2 + n^2)^{\frac{1}{2}}} = \sin\theta,$$

y prend la forme plus simple

$$\frac{\sin(nx + 2\theta)}{m^2 + n^2} + c^{mx}(C + C'x).$$

561.
$$y = \frac{\cos mx}{n^2 - m^2} + C\cos nx + C'\sin nx.$$

Cette expression peut s'écrire

$$y = C'\sin nx + C''\cos nx - \frac{\cos mx - \cos nx}{m^2 - n^2},$$

et l'on voit que pour $m = n$ elle se réduit à

$$y = C'\sin nx + C''\cos nx + \frac{x\sin nx}{2n}.$$

562.
$$y = \frac{\sin mx}{m^4 - 5m^2 + 6} + C\cos\left(2^{\frac{1}{2}}x + \alpha\right) + C'\cos\left(3^{\frac{1}{2}}x + \theta\right).$$

563.
$$y = x^n - n(n-1)x^{n-2} + n(n-1)(n-2)(n-3)x^{n-4}$$
$$- \ldots + C\cos x + C'\sin x.$$

564.
$$y = -\frac{x^3}{a^4} + Ce^{ax} + C_1 c^{-ax} + C_2\cos(ax + C_3).$$

565.
$$y = \frac{\cos x}{(a^2 - 1)^2} + (C + C_1 x)\cos ax + (C' + C_1' x)\sin ax.$$

566. On est conduit à résoudre une équation dont les racines sont $2, 2, -2, 3i, -3i$. Il en résulte

$$y = \frac{c^{mx}}{(m-2)^2(m+2)(m^2+9)} + c^{2x}(C + C_1 x) + C_2 e^{-2x}$$
$$+ C_3\cos(3x + C_4).$$

367. Les racines de l'équation à résoudre sont

$$-3, \quad 1 + 2i, \quad 1 - 2i.$$

Il en résulte

$$y = \frac{x^2}{15} + \frac{2x}{15^2} - \frac{28}{15^3} + e^x \left(C \sin 2x + C_1 \cos 2x \right) + C_3 e^{-3x}.$$

§ XIV. — *Équations linéaires à coefficients variables.*

368. Cette équation étant linéaire et du premier ordre, on trouve, en appliquant la formule connue,

$$y = a + C \left(1 - x^2 \right)^{\frac{1}{2}}.$$

369. Cette équation est linéaire et du premier ordre. La formule ordinaire nous donne

$$y = \frac{a}{2(n+1)} \left[(1 + x^2)^{\frac{1}{2}} + x \right] + \frac{a}{2(n-1)} \left[(1 + x^2)^{\frac{1}{2}} - x \right]$$
$$+ C \left[(1 + x^2)^{\frac{1}{2}} - x \right]^n.$$

Si $n = 1$, les deux derniers termes peuvent s'écrire

$$\frac{a}{2} \frac{(1 + x^2)^{\frac{1}{2}} - x - \left[(1 + x^2)^{\frac{1}{2}} - x \right]^n}{n - 1} + C' \left[(1 + x^2)^{\frac{1}{2}} - x \right]^n.$$

La vraie valeur de la première de ces expressions, obtenue par la méthode connue, est

$$-\frac{a}{2} \left[(1 + x^2)^{\frac{1}{2}} - x \right] \log \left[(1 + x^2)^{\frac{1}{2}} - x \right].$$

On trouverait d'une manière semblable la formule relative au cas de $n = -1$.

370. $y = \dfrac{1}{a + 4} \left(\dfrac{1 + x}{1 - x} \right)^2 + C \left(\dfrac{1 - x}{1 + x} \right)^{\frac{a}{2}}$

Si $a = -4$, on peut écrire

$$y = \frac{1}{a+4}\left[\left(\frac{1+x}{1-x}\right)^2 - \left(\frac{1+x}{1-x}\right)^{-\frac{a}{2}}\right] + C'\left(\frac{1+x}{1-x}\right)^{-\frac{a}{2}}.$$

La vraie valeur du premier terme est

$$\left(\frac{1+x}{1-x}\right)^2 \log\left(\frac{1+x}{1-x}\right).$$

371. $\quad y = -\dfrac{\left[nx(1-x^2)^{\frac{1}{2}} + 1 - 2x^2\right]}{n^2+4} + C\,e^{n\,\mathrm{arc\,sin}\,x}.$

372. Cette équation est de la forme

$$(a+bx)^n\frac{d^n y}{dx^n} + A_1(a+bx)^{n-1}\frac{d^{n-1}y}{dx^{n-1}} + \ldots + A_n y = x;$$

elle pourra donc s'intégrer en posant

$$x = e^t.$$

On trouve, en effet,

$$y = \frac{x^m}{m^2 - 1} + C\,x + \frac{C_1}{x}.$$

Si $m = 1$,

$$y = \frac{x\log x}{2} + C\,x + \frac{C_1}{x}.$$

373. Même observation qu'au n° **372.** En posant

$$x = e^t,$$

il vient

$$y = \log\left(\frac{x}{1-x}\right)^{\frac{1}{x}} + \frac{1}{x}(C + C_1\log x).$$

374. Remarque du n° **372.** En posant

$$1 + x = e^t,$$

l'équation à intégrer est

$$\frac{d^3y}{dt^3} - 2\frac{d^2y}{dt^2} + 4\frac{dy}{dt} - 8y = e^{\frac{t}{2}} - e^{-\frac{t}{2}}.$$

Si l'on opère comme il est indiqué au n° 355, on trouve facilement

$$y = \frac{8}{85}(1 + x)^{-\frac{1}{2}} - \frac{8}{51}(1 + x)^{\frac{1}{2}} + C(1 + x)^2$$

$$+ C_1 \cos[\log(1 + x)^2] + C_2 \sin[\log(1 + x)^2].$$

375. Remarque du n° 372. On est conduit à intégrer l'équation

$$\frac{d^3y}{dt^3} - 6\frac{d^2y}{dt^2} + 12\frac{dy}{dt} - 8y = X.$$

L'intégrale peut se mettre sous la forme

$$y = x^2 \int \frac{dx}{x} \int \frac{dx}{x} \int \frac{dx}{x}\frac{X}{x^2} + x^2[C + C_1 \log x + C_2 (\log x)^2].$$

(*Voir* Moigno, *Leçons de Calc. diff.*, tome II, page 590.)

576. On remarque que l'équation peut s'écrire

$$\frac{d^2(xy)}{dx^2} - a^2(xy) = 0,$$

dont l'intégrale est

$$y = \frac{1}{2}(C e^{ax} + C_1 e^{-ax}).$$

377. L'équation peut s'écrire

$$\frac{d}{dx}\left(\frac{dy}{dx} + \frac{2y}{x}\right) + n^2 y = 0.$$

Posons

$$(1) \qquad\qquad \frac{dy}{dx} + \frac{2y}{x} = z,$$

ce qui donne

$$(2) \qquad\qquad y = -\frac{1}{n^2}\frac{dz}{dx};$$

par suite,

$$\frac{d^2 z}{dx^2} + \frac{2}{x}\frac{dz}{dx} + n^2 z = 0.$$

Cette équation, traitée comme celle du n° **376**, a pour intégrale

$$zx = \mathrm{A}\cos(nx + \alpha),$$

A et α étant deux constantes arbitraires. En différentiant et tenant compte des relations (1) et (2), il vient

$$y = \frac{\mathrm{A}\cos(nx + \alpha)}{n^2 x^2} + \frac{\mathrm{A}\sin(nx + \alpha)}{nx}.$$

578. L'équation peut s'écrire

$$\frac{x^2 d\dfrac{dy}{dx}}{dx} - \frac{c^2 y}{x^2} = 0.$$

Posons

$$x = u^{-1},$$

elle devient

$$\frac{d\left(u^2 \dfrac{dy}{du}\right)}{du} - c^2 u^2 y = 0.$$

Développant et supprimant u facteur commun, on trouve

$$2\frac{dy}{du} + u\frac{d^2 y}{du^2} - c^2 u y = 0,$$

ou bien

$$\frac{d^2(uy)}{dx^2} - c^2 u y = 0;$$

par suite,

$$y = x\left(\mathrm{A}\,e^{\frac{c}{x}} + \mathrm{B}\,e^{-\frac{c}{x}}\right).$$

L'équation proposée, qui est un cas particulier de celle de Riccati, peut encore s'intégrer comme il suit :

Désignons par $\sum a_n x^m$ une série dont le terme général est $a_n x^n$, n pouvant recevoir des valeurs entières positives ou négatives, et faisons $y = \sum a_n x^n$. Cette valeur, substituée dans l'équation différentielle, nous donne

$$\frac{d^2 y}{dx^2} - \frac{c^2 y}{x^4} = \sum \left[n(n-1) a_n x^{n-2} \right] - c^2 \sum a_{n+2} x^{n-2} = 0.$$

En égalant à zéro le multiplicateur de x^{n-2}, il vient

$$n(n-1) a_n = c^2 a_{n+2}.$$

Il résulte de cette relation qu'on ne peut attribuer à n que des valeurs négatives. Faisant donc successivement n égal à -1, -2, etc., on trouve

$$y = a_1 \left(x + \frac{1}{1.2} \frac{c^2}{x} + \frac{1}{1.2.3.4} \frac{c^4}{x^3} + \dots \right)$$
$$+ a_0 \left(1 + \frac{1}{1.2.3} \frac{c^2}{x^2} + \frac{1}{1.2.3.4.5} \frac{c^4}{x^4} + \dots \right),$$

a_0 et a_1 désignant deux constantes arbitraires. Or on a, en général,

$$\left. \begin{aligned} 1 + \frac{z^2}{1.2} + \frac{z^4}{1.2.3.4} + \dots \\ + z + \frac{z^3}{1.2.3} + \frac{z^5}{1.2.3.4.5} + \dots \end{aligned} \right\} = e^z ;$$

On peut donc écrire

$$y = x \left(A\, e^{\frac{c}{x}} + B\, e^{-\frac{c}{x}} \right),$$

en posant

$$2A = a_1 + \frac{a_0}{c}, \quad 2B = a_1 - \frac{a_0}{c}.$$

579. En opérant comme au numéro précédent, on trouve

$$y = x \left(A \cos\frac{c}{x} + B \sin\frac{c}{x} \right).$$

380. Au moyen des séries (n° **378**), on a

$$y = \left(x^{\frac{1}{3}} - \frac{1}{3c}\right) A\, e^{3\,cx^{\frac{1}{3}}} + \left(x^{\frac{1}{3}} + \frac{1}{3c}\right) B\, e^{-3\,cx^{\frac{1}{3}}}.$$

381. $\quad y = \left(x^{\frac{2}{5}} - \frac{3}{5c}\, x^{\frac{1}{5}}\right) A\, e^{5\,cx^{\frac{1}{5}}} + \frac{3}{5c}\left(x^{\frac{1}{5}} + \frac{3}{5c}\right) B\, e^{-5\,cx^{\frac{1}{5}}}.$

$$(\textit{Voir } n° \textbf{378}.)$$

Les équations des quatre derniers numéros sont des cas particuliers de celle de Riccati.

§ XV. — *Equations différentielles non linéaires.*

382. Cette équation est de la forme

$$dy + P\, y\, dx = Q\, y^{n+1}\, dx,$$

qui devient linéaire en posant

$$u = \frac{1}{y^n}.$$

On trouve ici

$$y^{\frac{1}{2}} = -\frac{1 - x^2}{3} + C\,(1 - x^2)^{\frac{1}{4}}.$$

383. $\quad y^2 = -\dfrac{c}{b}\, x - \dfrac{ac}{2\, b^2} + C e^{\frac{2\,b}{a}\,x} ; \quad (n° \textbf{382}).$

384. $\quad y^3 = \dfrac{3\,a^2}{2\,x} + \dfrac{C}{x^3} ; \quad (n° \textbf{382}).$

385. $\quad y^2 = c^{-\frac{2\,a}{x}} - \dfrac{b}{ax} + \dfrac{b}{2\,a^2} ; \quad (n° \textbf{382}).$

386. En posant

$$x = \frac{1}{v},$$

l'équation devient linéaire eu égard à ν et a pour intégrale

$$\frac{1}{x} = 2 - y^2 + C e^{-\frac{y^2}{2}}.$$

587. L'équation étant homogène, si l'on pose

$$\frac{y}{x} = z,$$

elle donne

$$\log x + \frac{1}{2} \log (1 - mz + z^2) + \frac{m}{2} \int \frac{dz}{1 - mz + z^2} = C.$$

Pour $m > 2$, le dénominateur de la quantité sous le signe est de la forme

$$(z - a) \left(z - \frac{1}{a} \right),$$

et, par suite,

$$\int \frac{m\, dz}{1 - mz + z^2} = \frac{a^2 + 1}{a^2 - 1} \log \left(\frac{z - a}{z - \dfrac{1}{a}} \right);$$

par conséquent

$$\log(x^2 + y^2 - m\, xy)^{\frac{1}{2}} + \frac{a^2 + 1}{2(a^2 - 1)} \log \frac{ay - a^2 x}{ay - x} = C.$$

Pour $m < 2$ on trouve, en posant $m = 2 \cos \alpha$,

$$\log (x^2 + y^2 - m\, xy)^{\frac{1}{2}} + \cotang \alpha \, \arctang \frac{y \sin \alpha}{x - y \cos \alpha} = C.$$

Si enfin $m = 2$,

$$x - y = C e^{- \frac{x}{x - y}}.$$

On aurait pu intégrer l'équation en passant aux coordonnées polaires, ce qui donne immédiatement

$$\frac{dr}{r} = \frac{m \sin^2 \theta \, d\theta}{m \sin \theta \cos \theta - 1} = - \frac{m}{2} \frac{\cos 2\theta \, d.2\theta}{m \sin 2\theta - 2} + \frac{m}{2} \frac{d.2\theta}{m \sin 2\theta - 2}.$$

Pour l'intégration du dernier terme, voir le n° **216**.

588. Cette équation est homogène et a pour intégrale

$$y^2 + 2 x^2 = C (x^2 + y^2)^{\frac{1}{2}}.$$

389. Equation homogène.

$$(x+y)\log\frac{x}{c} = xe^{\frac{x}{y}}.$$

390. L'équation transformée est

$$x(1-z^2)\,dz = 0,$$

qui a pour solutions

$$x = 0, \quad y^2 - x^2 = 0, \quad \frac{y}{x} = C.$$

On pouvait le voir immédiatement en mettant l'équation proposée sous la forme

$$(x\,dy - y\,dx)(y^2 - x^2) = 0.$$

391. Cette équation rentre dans celle de Riccati, dont la forme générale est

$$dy + b^2 y^2\,dx = a^2 x^m\,dx,$$

et qu'on sait intégrer toutes les fois qu'on a

$$m = -\frac{4r}{2r \pm 1},$$

r étant un nombre entier. Dans l'équation proposée

$$m = -\frac{4}{3};$$

on trouve alors

$$\frac{y\left(x^{\frac{1}{3}} + 3x^{\frac{2}{3}}\right) + 3}{y\left(x^{\frac{1}{3}} - 3x^{\frac{2}{3}}\right) + 3} = C\,e^{6x^{\frac{1}{3}}}.$$

392. $\dfrac{x^{\frac{2}{3}} + yx^{\frac{5}{3}} - 6}{3 \cdot 2^{\frac{1}{7}}(1+xy)x^{\frac{1}{3}}} = \tan\left(\dfrac{3 \cdot 2^{\frac{1}{2}}}{x^{\frac{1}{2}}} + C\right).$ $\quad$ (*Voir* n° 391.)

393. Cette équation peut s'écrire

$$a\frac{dx}{x} + b\frac{dy}{y} + x^m y^n\left(c\frac{dx}{x} + e\frac{dy}{y}\right) = 0.$$

Posons

$$x^a y^b = u, \quad x^c y^e = v,$$

elle devient

$$\frac{du}{u} + u^\alpha v^\beta \frac{dv}{v} = 0,$$

en faisant

$$\alpha = \frac{me - nc}{ae - bc}, \quad \beta = \frac{na - mb}{ae - bc} = 0.$$

On trouve alors

$$\frac{v^\beta}{\beta} - \frac{u^{-\alpha}}{\alpha} = C.$$

Si $me = nc$, $na = mb$, on a

$$x^{a+c} y^{b+e} = C..$$

Si $ae - bc = 0$ sans que les numérateurs de α et de β soient nuls, l'équation proposée revient à

$$\left(a \frac{dx}{x} + b \frac{dy}{y} \right) \left(1 + \frac{c}{a} x^m y^n \right) = 0,$$

et elle est satisfaite par

$$x^a y^b = C, \quad \text{et par} \quad x^m y^n = -\frac{a}{c} = -\frac{b}{c}.$$

394. On voit sans peine que si x et y représentaient deux tangentes les radicaux disparaîtraient; posons donc

$$y = \tang v, \quad x = \tang u;$$

l'équation devient

$$\sin(v - u)\, dv = n du.$$

Faisant

$$v - u = z,$$

on trouve

$$dv = \frac{n dz}{\sin z - n},$$

équation qui s'intègre au moyen du n° **216.**

On obtient alors x et y en fonction de l'auxiliaire z.

595. L'équation proposée revient à celle-ci :

$$\left(\frac{dy}{dx} - x^2\right)\left(\frac{dy}{dx} - xy\right)\left(\frac{dy}{dx} - y^2\right) = 0,$$

dont l'intégrale est

$$\left(y - \frac{x^3}{3} - C\right)\left(y - e^{\frac{x^2}{2}} - C\right)\left(y - \frac{1}{x} - C\right) = 0.$$

596. $\left[(a^2 - x^2)\dfrac{dy^2}{dx^2} - 1\right]\left(\dfrac{dy}{dx} + bx\right) = 0;$

$$(y - C)^3 = \frac{bx^2}{2}\left(\text{arc sin}\frac{x}{a}\right)^2.$$

597. $\dfrac{dy^2}{dx^2} - \dfrac{2y}{x}\dfrac{dy}{dx} + \dfrac{y^2}{x^2} = \left(y^2 + \dfrac{y^4}{x^2}\right)\dfrac{dy^2}{dx^2};$

d'où

$$\frac{xdy}{dx} - y = \pm y\,(x^2 + y^2)^{\frac{1}{2}}\frac{dy}{dx},$$

et enfin

$$y = x\,\text{tang}\left(C \pm \frac{y^2}{2}\right).$$

598. Posons

$$\frac{dy}{dx} = p, \quad \frac{y}{x} = u;$$

il vient

$$u = p + n\,(1 + p^2)^{\frac{1}{2}},$$

$$dy = pdx = udx + xdu,$$

$$\frac{dx}{x} = \frac{du}{p - u} = -\frac{dp}{n\,(1 + p^2)^{\frac{1}{2}}} - \frac{pdp}{1 + p^2};$$

et en désignant une constante arbitraire par $\log a$,

$$x = \frac{a}{(1 + p^2)^{\frac{1}{2}}}\left[(1 + p^2)^{\frac{1}{2}} - p\right]^{\frac{1}{n}}.$$

On en déduit

$$y = \frac{a\left[p + n\left(1+p^2\right)^{\frac{1}{2}}\right]}{\left(1+p^2\right)^{\frac{1}{2}}}\left[\left(1+p^2\right)^{\frac{1}{2}} - p\right]^{\frac{1}{n}},$$

et par suite, en tenant compte de la valeur de $\dfrac{y}{x}$,

$$\frac{\left[y^2 + \left(1-n^2\right)x^2\right]^{\frac{1}{2}} - ny}{1-n^2} = a\left[\frac{\left[y^2 + \left(1-n^2\right)x^2\right]^{\frac{1}{2}}}{\left(1-n\right)x} - y\right]^{\frac{1}{n}}.$$

399. Cette équation est homogène en x et en y, comme celle du numéro précédent, et peut se traiter de la même manière; mais il est plus simple de la résoudre par rapport à $\dfrac{dy}{dx}$, ce qui donne

$$y\frac{dy}{dx} + \frac{n^2 x}{n^2 - 1} = \pm\frac{\left[\left(n^2 - 1\right)y^2 + n^2 x^2\right]^{\frac{1}{2}}}{n^2 - 1},$$

ou bien

$$\frac{\left(n^2 - 1\right)y\,dy + n^2 x\,dx}{\left[\left(n^2 - 1\right)y^2 + n^2 x^2\right]^{\frac{1}{2}}} = \pm 1,$$

qui a pour intégrale

$$\left(n^2 - 1\right)y^2 + n^2 x^2 = \left(C \pm x\right)^2.$$

400. En posant

$$dy = p\,dx,$$

l'intégrale résulte de l'élimination de p entre les deux équations

$$y = \left(1 + p\right)x + p^2,$$
$$y = 2\left(1 - p\right) + Ce^{-p}.$$

401. L'équation peut s'écrire

$$y - 2px = a\left(1 + p^2\right)^{\frac{1}{2}},$$

et son intégrale s'obtient en éliminant $p = \dfrac{dy}{dx}$, entre cette équation et la suivante :

$$p^2 x = - \frac{a}{2} \left\{ p \left(1 + p^2\right)^{\frac{1}{2}} - \log \left[p + \left(1 + p^2\right)^{\frac{1}{2}} \right] \right\} + C.$$

402. Cette équation revient à

$$\frac{dy}{dx} = \frac{y^2 - x^2}{2\,xy},$$

équation homogène dont l'intégrale est

$$y^2 + x^2 = 2\,C\,x.$$

403. L'équation étant homogène par rapport à y, x, dx, dy, $d^2 y$, posons

$$y = \frac{u}{x}, \quad \frac{d^2 y}{dx^2} = \frac{v}{x};$$

il vient

$$v = (u - p)^2, \quad dp = (p - u)\,du.$$

La dernière équation nous donne

$$p = u + 1 + C e^u;$$

et, par suite,

$$\frac{dx}{x} = \frac{du}{1 + C e^u} = \frac{e^{-u}\,du}{C + e^{-u}}.$$

On tire enfin de là

$$y = x \log \frac{C' - C x}{x}.$$

404. Même observation qu'au numéro précédent. On trouve

$$C' x^C = \frac{(C - 1)\,x^{\frac{1}{2}} + \left[2\,y + (C^2 - 1)\,x \right]^{\frac{1}{2}}}{(C + 1)\,x^{\frac{1}{2}} - \left[2\,y + (C^2 - 1)\,x \right]^{\frac{1}{2}}}.$$

Il y a aussi une solution singulière $y = C.x.$

405. L'équation est homogène par rapport à y, $\dfrac{dy}{dx}$, $\dfrac{d^2 y}{dx^2}$, et s'intègre alors en posant

$$\frac{dy}{dx} = p = uy, \quad \frac{d^2y}{dx^2} = q = vy.$$

On trouve en effet,

$$v = u^2 + \frac{u}{(a^2 + x^2)^{\frac{1}{2}}}, \quad \text{et} \quad \frac{du}{u} = \frac{dx}{(a^2 + x^2)^{\frac{1}{2}}}.$$

Cette dernière a pour intégrale

$$u = C\left[x + (a^2 + x^2)^{\frac{1}{2}} \right];$$

d'où l'on déduit

$$\log(C'y) = Ca^2 \log\left[x + (a^2 + x^2)^{\frac{1}{2}} \right] + Cx\left[x + (a^2 + x^2)^{\frac{1}{2}} \right].$$

406. En opérant comme au numéro précédent, on trouve

$$\frac{(a^2 - x^2)^{\frac{1}{2}}}{n} = b \log \frac{c\left[nb + (a^2 - x^2)^{\frac{1}{2}} \right]}{ny};$$

b et c désignant deux constantes arbitraires.

407. L'équation peut s'écrire

$$\frac{dp}{(1 + p^2)^{\frac{3}{2}}} = \frac{2x\,dx}{a^2};$$

d'où

$$\frac{p}{(1 + p^2)^{\frac{1}{2}}} = \frac{x^2}{a^2} + C = \frac{x^2 + ab}{a^2}.$$

D'ailleurs,

$$y = \int p\,dx = \int \frac{(x^2 + ab)\,dx}{[a^4 - (x^2 + ab)^2]^{\frac{1}{2}}}.$$

C'est l'équation de la courbe élastique. (*Voir* n° 452.)

408. L'équation peut s'écrire

$$(1 + p^2)^{\frac{1}{2}}\,dx + x\frac{p\,dp}{(1 + p^2)^{\frac{1}{2}}} = a\,dp = d\left[x(1 + p^2)^{\frac{1}{2}} \right].$$

On tire p de là, et l'on trouve ensuite

$$y = (a^2 + b^2 - x^2)^{\frac{1}{2}} - b \log \frac{b + (a^2 + b^2 - x^2)^{\frac{1}{2}}}{c(x-a)},$$

b et c étant deux constantes arbitraires.

409. $dp + (a^2 + x^2)^{-\frac{1}{2}} p\,dx = \dfrac{x^2}{a^2}(a^2 + x^2)^{-\frac{1}{2}}\,dx.$

Cette équation linéaire du premier ordre s'intègre par la formule connue et conduit à l'intégrale suivante :

$$a^2 y^2 = -\frac{x^3}{9} - \frac{2a^2 x}{3} + \frac{2(a^2 + x^2)^{\frac{3}{2}}}{9} - Cx^2$$

$$+ Cx(a^2 + x^2)^{\frac{1}{2}} + a^2 C \log \frac{x + (a^2 + x^2)^{\frac{1}{2}}}{C'}.$$

410. On arrive à une équation linéaire en posant

$$\frac{1}{p} = v,$$

ce qui conduit à l'intégrale générale

$$y + C' = \log(x^2 - C^2) - \frac{a}{C} \log \frac{x + C}{x - C}.$$

411. On pose

$$y^2 + p^2 = z^2,$$

et on arrive à une équation qui devient facilement linéaire et du premier ordre. On en déduit

$$x = C' + \left(\frac{2y - C}{C}\right)^{\frac{1}{2}} + \arccos \frac{y - C}{y}.$$

412. Cette équation peut s'écrire

$$p - y\frac{dp}{dy} = n\left(1 + a^2 \frac{dp^2}{dy^2}\right)^2;$$

c'est la forme de l'équation de Clairaut. On trouve pour l'intégrale

$$C x + C' = \log \left[C y + n (1 + a^2 C^2)^{\frac{1}{2}} \right].$$

Il y a une solution singulière

$$y = na \sin \frac{C + x}{a}.$$

§ XVI. — *Solutions singulières des équations différentielles du premier ordre.*

413. $(x + y)^2 - 4\,ay = 0$.

414. $y^2 = 1 + x^2$.

C'est à propos de cet exemple que Taylor a remarqué, le premier, qu'une équation différentielle peut avoir des solutions non comprises dans l'intégrale générale.

415. $x^2 + y^2 - a^2 = 0$.

416. La méthode conduit à l'équation

$$y^2 - 4x = 0;$$

mais cette solution ne satisfait pas à la proposée.

417. On trouve

$$x = -\frac{a}{(1 + p^2)^{\frac{3}{2}}}, \quad y = \frac{ap^3}{(1 + p^2)^{\frac{3}{2}}};$$

et, par suite,

$$x^{\frac{2}{3}} + y^{\frac{2}{3}} = a^{\frac{2}{3}}.$$

On obtient l'équation proposée quand on cherche une courbe telle, que la portion de la tangente comprise entre les axes coordonnés ait une longueur constante. La solution générale donne toutes les tangentes à cette courbe. (*Voir* n^{os} **126** et **127**.)

418. On arrive à l'équation

$$ax + by - x^2 = 0,$$

qui n'est pas une solution singulière, puisqu'elle ne satisfait pas à la proposée.

419. $y^2 - 4x^3 = 0.$

420. Pour qu'une intégrale d'une équation différentielle du premier ordre

$$F(x, y, p) = 0$$

soit une solution singulière, il faut et il suffit que la valeur de p qu'on en tire annule $\dfrac{dF}{dp}$ sans annuler $\dfrac{dF}{dy}$. En appliquant ici ce caractère, on trouve que

$$y^2 = 2x + 1$$

est une intégrale particulière de l'équation proposée, et que

$$y^2 + x^2 = 0$$

en est une solution singulière. On obtient d'ailleurs facilement l'intégrale générale et la solution singulière, d'après la méthode de Clairaut, en éliminant p successivement entre la proposée et les deux équations

$$py = C, \quad 1 + p^2 = 0.$$

421. C'est une intégrale particulière.

§ XVII. — *Équations différentielles simultanées.*

422. En éliminant y, il vient

$$\frac{d^2 x}{dt^2} + 9\frac{dx}{dt} + 14x = 1 + 5t - 3e^t;$$

et, par suite,

$$x = -\frac{31}{196} + \frac{5}{14}\,t - \frac{1}{8}\,e^t + C_1\,e^{-7t} + C_2\,e^{-2t},$$

$$y = \frac{9}{98} - \frac{1}{7}\,t + \frac{5}{24}\,e^t - \frac{8}{3}\,C_1\,e^{-7t} - C_2\,e^{-2t}.$$

423. $\quad x = \dfrac{4}{25}\,e^t - \dfrac{1}{36}\,e^{2t} + (C_1\,t + C)\,e^{-4t},$

$$y = \frac{1}{25}\,e^t + \frac{7}{36}\,e^{2t} - (C_1\,t + C_1 + C)\,e^{-4t}.$$

424. On trouve, en éliminant y et z,

$$\frac{d^3x}{dt^3} - (a'\,b + a''\,c + b''\,c')\,\frac{dx}{dt} + (a'\cdot b''\,c + a''\,bc')\,x = 0,$$

dont l'intégrale est

$$x = C_1\,e^{\alpha t} + C_2\,e^{6 t} + C_3\,e^{\gamma t},$$

α, 6, γ étant les racines de l'équation

$$u^3 - (a'\,b + a''\,c + b''\,c')\,u + a'\,b''\,c + a''\,bc' = 0.$$

Connaissant x, on trouve facilement y et z exprimées en fonction des mêmes constantes arbitraires.

425. $\quad x = \dfrac{ac' - ca'}{ba' - ab'} + C_1\cos(hx + \alpha) + C_2\cos(kx + 6),$

$$y = \frac{cb' - bc'}{ba' - ab'} - \frac{h^2 + b}{a}\,C_1\cos(hx + \alpha)$$

$$- \frac{k^2 + b}{a}\,C_2\cos(kx + 6).$$

h^2 et k^2 sont les racines de l'équation

$$u^2 + (a' + b)\,u + ba' - ab' = 0,$$

et C_1, C_2, α, 6 désignent des constantes arbitraires.

426.
$$x = \cos 2t - 2\sin 2t - \cos t + C_1 \cos\left(2^{\frac{1}{2}} t + \alpha\right)$$
$$+ C_2 \cos\left(3^{\frac{1}{2}} t + \theta\right).$$

La valeur de y se déduit facilement de celle de x.

427. Multiplions la première équation par x, la deuxième par y, la dernière par z, et posons

$$\varphi = \int_0^t xyz\, dt;$$

il vient

$$x^2 = \frac{2(b-c)}{a}\,\varphi + \alpha,$$

$$y^2 = \frac{2(c-a)}{b}\,\varphi + \theta,$$

$$z^2 = \frac{2(a-b)}{c}\,\varphi + \gamma,$$

α, θ, γ étant trois constantes arbitraires. On déduit de là

$$xyz = \frac{d\varphi}{dt} = \left\{ \left[\frac{2(b-c)}{a}\,\varphi + \alpha\right] \left[\frac{2(c-a)}{b}\,\varphi + \theta\right] \left[\frac{2(a-b)}{c}\,\varphi + \gamma\right] \right\}^{\frac{1}{2}}.$$

Si l'on peut intégrer on obtiendra φ, et par conséquent x, y et z, en fonction de t.

Les équations proposées se rencontrent dans le problème du mouvement d'un corps solide qui tourne autour d'un point fixe, et qui n'est sollicité par aucune force.

428. Les équations données reviennent aux suivantes :

$$(1) \qquad \frac{d^2 x}{dt^2} = \frac{dR}{dr}\,\frac{x}{r}, \qquad \frac{d^2 y}{dt^2} = \frac{dR}{dr}\,\frac{y}{r}, \qquad \frac{d^2 z}{dt^2} = \frac{dR}{dr}\,\frac{z}{r}$$

On en tire

$$x\,dy - y\,dx = C_1\,dt, \qquad y\,dz - z\,dy = C_2\,dt.$$

Si l'on ajoute membre à membre les carrés de ces équations,

le résultat peut s'écrire

$$(2) \quad (x^2 + y^2 + z^2)(dx^2 + dy^2 + dz^2) - (x\,dx + y\,dy + z\,dz)^2 = A^2\,dt^2,$$

A^2 représentant la somme $C_1^2 + C_2^2$.

D'ailleurs, en multipliant les équations (1) respective-ment par $2\,dx$, $2\,dy$, $2\,dz$ et ajoutant, il vient, $2\,B$ désignant une constante arbitraire,

$$dx^2 + dy^2 + dz^2 = 2\,(R + B)\,dt^2;$$

ce qui permet de mettre l'équation (2) sous la forme

$$(3) \quad (x\,dx + y\,dy + z\,dz)^2 = [\,2\,r^2(R + B) - A\,]\,dt^2 = r^2\,dr^2.$$

On tire de là

$$(4) \qquad dt = [\,2\,r^2(R + B) - A^2\,]^{-\frac{1}{2}}\,dr;$$

et, en différentiant,

$$\frac{d^2 r}{dt^2} = \frac{dR}{dr} + \frac{A^2}{r^3}.$$

Ce résultat nous permet de déduire de la première des équations une relation qui ne renferme plus R; on trouve ainsi

$$\frac{d^2 x}{dt^2} - \frac{x}{r}\,\frac{d^2 r}{dt^2} + \frac{A^2}{r^2}\,\frac{x}{r} = 0,$$

ou bien

$$\frac{d}{dt}\left[\,r^2\,\frac{d}{dt}\left(\frac{x}{r}\right)\right] + \frac{A^2}{r^2}\,\frac{x}{r} = 0.$$

Changeons de variable indépendante et posons

$$(5) \qquad \frac{r^2}{dt} = \frac{A}{d\varphi};$$

la relation précédente devient

$$\frac{d^2\left(\dfrac{x}{r}\right)}{d\varphi^2} + \frac{x}{r} = 0,$$

et, par suite,

$$\frac{x}{r} = g_1 \cos \varphi + h_1 \sin \varphi.$$

On aurait de même

$$\frac{y}{r} = g_2 \cos \varphi + h_2 \sin \varphi,$$

$$\frac{z}{r} = g_3 \cos \varphi + h_3 \sin \varphi.$$

D'ailleurs les équations (4) et (5) nous donnent

$$t + \alpha = \int \left[2 r^2 (R + B) - A^2 \right]^{-\frac{1}{2}} dr,$$

$$\varphi + \delta = \int A r^{-1} \left[2 r^2 (R + B) - A^2 \right]^{-\frac{1}{2}} dr.$$

Les constantes arbitraires A, B, α, δ, g_1, h_1, etc., ne sont pas toutes indépendantes. En effet, si l'on élève au carré les valeurs de x, y, z, on trouve

$$1 = \cos^2 \varphi \, (g_1^2 + g_2^2 + g_3^2) + \sin^2 \varphi \, (h_1^2 + h_2^2 + h_3^2)$$
$$+ 2 \sin \varphi \cos \varphi \, (g_1 h_1 + g_2 a_2 + g_3 h_3).$$

Cette relation ayant lieu pour toutes les valeurs de φ, on en conclut

$$g_1^2 + g_2^2 + h_3^2 = 1,$$
$$h_1^2 + h_2^2 + h_3^2 = 1,$$
$$g_1 h_1 + g_2 h_2 + g_3 h_3 = 0;$$

de plus, δ modifiant seulement les constantes g_1, h_1, etc., on peut le supposer nul, et il reste en définitive six constantes distinctes.

Observons aussi que les intégrales qui déterminent t et φ ne sont pas indépendantes. Si l'on pose, en effet,

$$S = \int \frac{dr}{r} \left[2 r^2 (R + B) - A^2 \right]^{\frac{1}{2}},$$

on a

$$t + \alpha = \frac{d\,\mathrm{S}}{d\,\mathrm{B}}, \qquad \varphi + \epsilon = - \frac{d\,\mathrm{S}}{d\,\mathrm{A}}.$$

Si $\mathrm{R} = \frac{\mu}{r}$, μ désignant une constante, le calcul précédent donne la loi du mouvement d'un point matériel attiré par une force centrale qui varie en raison inverse du carré de la distance.

Ce calcul, dû à M. Binet, a été appliqué par lui au cas d'un nombre quelconque d'équations.

(Journal de Liouville, tome II.)

§ XVIII. — Équations aux différentielles partielles linéaires et du premier ordre.

429. Il faut intégrer les deux équations simultanées

$$\frac{dx}{x} = - \frac{dy}{y} = \frac{y\,dz}{x^3}.$$

On trouve

$$y = \frac{\mathrm{C}}{x}, \quad z = \frac{x^3}{3\mathrm{C}} + \mathrm{C}' = \frac{x^2}{3y} + \mathrm{C}' ;$$

d'où, en désignant par φ une fonction arbitraire,

$$z = \frac{x^2}{3y} + \varphi(xy).$$

430. Les équations à intégrer sont

$$dx = - dy = \frac{x+y}{z}\,dz ;$$

la première donne

$$y + x = \mathrm{C},$$

et, par suite,

$$z = \mathrm{C}' \, e^{\frac{x}{\mathrm{C}}} = e^{\frac{x}{x+y}} \varphi(x+y).$$

431. On a

$$\frac{dx}{y} = \frac{dy}{x} = \frac{dz}{z};$$

d'où il résulte

$$y^2 - x^2 = C, \quad \frac{z}{x+y} = C',$$

$$z = (x+y)\,\varphi(y^2 - x^2).$$

432. $\quad x\,dx = y\,dy = y^2 \dfrac{dz}{z};$

d'où

$$y^2 - x^2 = C, \quad z = C'y,$$

$$z = y\,\varphi(y^2 - x^2).$$

433. $\quad \dfrac{dx}{x} = \dfrac{dy}{y} = \dfrac{z\,dz}{xy};$

$$y = Cx, \quad z^2 = Cx^2 + C',$$

$$z^2 = xy + \varphi\left(\frac{y}{x}\right).$$

434. $\quad -\dfrac{dx}{xy^2} = \dfrac{dy}{y^3} = \dfrac{dz}{axz};$

$$xy = C, \quad z = C'\,e^{-\frac{aC}{3y^3}} = e^{-\frac{ax}{3y^2}}\varphi(xy).$$

435. $\quad \dfrac{dx}{1} = -\dfrac{dy}{a} = \dfrac{dz}{e^{mx}\cos py};$

on tire de là

$$y + ax = C,$$

$$z = e^{mx}\,\frac{m\cos p\,(C - ax) - ap\sin p\,(C - ax)}{m^2 + a^2 p^2} + C'$$

$$= e^{mx}\,\frac{m\cos py - ap\sin py}{m^2 + a^2 p^2} + C';$$

par suite,

$$z = e^{mx}\,\frac{m\cos py - ap\sin py}{m^2 + a^2 p^2} + \varphi(y + ax).$$

436. $\quad \dfrac{dx}{1} = \dfrac{dy}{b} = \dfrac{dz}{c} = \dfrac{du}{xyz};$

d'où

$$u = \frac{x^2}{2} yz - \frac{x^3}{6}(bz + cy) + bc\,\frac{x^4}{12} + \varphi(y - bx,\ z - cx).$$

457.
$$\frac{dx}{y + x} = \frac{dy}{y - x} = \frac{dz}{z}.$$

La première équation peut s'écrire

$$x\,dy - y\,dx + x\,dx + y\,dy = 0,$$

qui s'intègre immédiatement au moyen des coordonnées polaires, et donne

$$\text{arc tang}\ \frac{x}{y} - \log\left(x^2 + y^2\right)^{\frac{1}{2}} = C.$$

On a aussi

$$\frac{dz}{z} = \frac{x\,dx + y\,dy}{x^2 + y^2},$$

d'où

$$z = C'\left(x^2 + y^2\right)^{\frac{1}{2}};$$

et, par suite,

$$z = \left(x^2 + y^2\right)^{\frac{1}{2}} \varphi\left[\text{arc tang}\ \frac{x}{y} - \log\left(x^2 + y^2\right)^{\frac{1}{2}}\right].$$

458. $\cos x\,dx = \dfrac{dy}{a} = \dfrac{\sin y\,dz}{z \cos y}$;

$$z = (\sin y)^{\frac{1}{a}} \varphi\,(y - a \sin x).$$

459.
$$\frac{dx}{y - bz} = \frac{dy}{az - x} = \frac{dz}{bx - ay};$$

multiplions les deux termes du premier rapport par a, ceux du second par b; chacun de ces rapports sera égal à

$$\frac{a\,dx + b\,dy + dz}{0},$$

ce qui exige qu'on ait

$$ax + by + z = C.$$

On trouve semblablement

$$x^2 + y^2 + z^2 = C';$$

d'où

$$x^2 + y^2 + z^2 = \varphi\,(ax + by + cz).$$

440. $\quad \dfrac{dx}{x^2} = \dfrac{dy}{y^2} = \dfrac{y\,dz}{x^3}\,;$

$$z = -\frac{x^2}{2y} - \frac{x}{2} + \varphi\left(\frac{y - x}{xy}\right).$$

441. $\quad \dfrac{dx}{x} = \dfrac{dy}{y} = \dfrac{dz}{2xy\,(a^2 - z^2)^{\frac{1}{2}}}\,;$

$$z = a \sin\left[xy + \varphi\left(\frac{y}{x}\right)\right].$$

442. $\quad \dfrac{dx}{x} = \dfrac{dy}{(1 + y^2)^{\frac{1}{2}}} = \dfrac{dz}{xy}.$

Soit fait

$$\frac{dx}{x} = du, \qquad \frac{dy}{(1 + y^2)^{\frac{1}{2}}} = dv\,;$$

d'où

$$x = e^u,$$

$$(1 + y^2)^{\frac{1}{2}} + y = e^v, \quad (1 + y^2)^{\frac{1}{2}} - y = e^{-v},$$

$$2y = e^v - e^{-v}.$$

Il en résulte

$$z = \frac{e^{u+v}}{4} - \frac{u e^{u-v}}{2} + \varphi\,(v - u)\,;$$

et, par suite,

$$z = \frac{x}{4}\left[(1 + y^2)^{\frac{1}{2}} + y\right]$$

$$- \frac{x}{2}\left[(1 + y^2)^{\frac{1}{2}} - y\right]\log x + \varphi\left[\frac{(1 + y^2)^{\frac{1}{2}} + y}{x}\right].$$

443. $\quad u = \dfrac{xy}{(1 - a)z} + z^a\,\varphi\left(\dfrac{x}{z},\ \dfrac{y}{z}\right).$

444.
$$\frac{dx}{y+z+u} = \frac{dy}{z+u+x} = \frac{dz}{u+x+y} = \frac{du}{x+y+z}.$$

Ajoutons ces rapports égaux terme à terme, il vient

$$\frac{d(x+y+z+u)}{3(x+y+z+u)} = \frac{dx}{y+z+u} = \frac{dv}{3v},$$

en posant

$$x+y+z+u = v.$$

D'ailleurs on a aussi

$$\frac{dy-dz}{z-y} = -\frac{d(y-z)}{y-z} = \frac{dv}{3v};$$

d'où résulte

$$v\,(y-z)^3 = C^{\iota}.$$

On trouve encore, à cause de la symétrie,

$$v\,(z-u)^3 = C', \quad v\,(u-x)^3 = C'';$$

l'équation intégrale est donc

$$\varphi\left[v\,(y-z)^3, \quad v\,(z-u)^3, \quad v\,(u-x)^3\right] = 0.$$

§ XIX. — *Calcul des variations.*

Formules générales.

$$V = F(x,y,p,q,\ldots.), \quad dV = M\,dx + N\,dy + P\,dp + Q\,dq + \ldots,$$

$$p = \frac{dy}{dx}, \quad q = \frac{dp}{dx},$$

$$\delta \int_{x_0}^{x_1} V\,dx = A_{x_1} - A_{x_0} + \int_{x_0}^{x_1} B\,\omega\,dx.$$

A_{x_1} représente ce que devient la fonction A quand on y remplace les lettres qui y entrent par les valeurs qu'elles prennent à la limite $x = x_1$; A_{x_0} a une signification analoguc. D'ailleurs,

$$A = \delta x \left[V - p\left(N - \frac{d P}{dx} + \frac{d^2 Q}{dx^2} - \ldots \right) - q\left(P - \frac{d Q}{dx} + \ldots \right) - \ldots \right]$$

$$+ \delta y \left(N - \frac{d P}{dx} + \frac{d^2 Q}{dx^2} - \ldots \right)$$

$$+ \delta p \left(P - \frac{d Q}{dx} + \ldots \right) + \text{etc.}$$

$$B = M - \frac{d N}{dx} + \frac{d^2 P}{dx^2} - \frac{d^3 Q}{dx^3} + \text{etc.}$$

(1) $\qquad A_{x_1} - A_{x_0} = 0,$ équation aux limites;

(2) $\qquad B = 0,$ équation indéfinie.

Si V renfermait $x_0,\ x_1, y_0, y_1,\ p_0,\ p_1, \ldots$, valeurs de x, y, $p, \ldots$, relatives aux limites, on ajouterait au premier membre de l'équation (1) la quantité

$$\delta x_0 \int_{x_0}^{x_1} \frac{d V}{d x_0} \, dx + \delta y_0 \int_{x_0}^{x_1} \frac{d V}{d y_0} \, dx + \ldots$$

$$+ \delta x_1 \int_{x_0}^{x_1} \frac{d V}{d x_1} \, dx + \delta y_1 \int_{x_0}^{x_1} \frac{d V}{d y_1} \, dx + \text{etc.}$$

Quand $M = 0$ l'équation (2) se remplace par celle-ci :

$$V = P p + Q q - p \frac{d Q}{dx} + C,$$

et si l'on a à la fois

$$M = 0, \quad N = 0,$$

elle se remplace par la suivante :

$$V = Q q + C p + C'.$$

Lorsque V renferme plusieurs fonctions de x, chacune d'elles donne lieu à une équation de la forme (2), à moins toutcfois qu'elles ne satisfassent à une ou plusieurs équations données.

___

445. On trouve

$$x - 2a\left(x^2 + y^2\right)^{\frac{1}{2}} = 0,$$

équation à laquelle on peut arriver sans employer la méthode des variations. En faisant tourner la courbe obtenue autour de l'axe des x, la surface de révolution qui en résulte renferme un volume qui, parmi tous ceux de même masse, exerce l'attraction maximum sur un point de l'axe. L'attraction est supposée proportionnelle aux masses et en raison inverse du carré de la distance.

446. L'élément de la surface en question est

$$\frac{1}{2}\,\rho\,ds,$$

ρ désignant le rayon de courbure; on a donc

$$\delta \int_{x_0}^{x_1} \rho\,ds = \delta \int_{x_0}^{x_1} \frac{(1 + p^2)^2}{q}\,dx.$$

Comme x et y n'entrent pas explicitement sous le signe, on trouve, d'après les formules générales,

$$\frac{(1 + p^2)^2}{q} = Cp + C' - n\,\frac{(1 + p^2)^2}{q},$$

ou bien

$$\frac{(1 + p^2)^2}{q} = Cp + C';$$

ce qui peut s'écrire encore

$$\rho = \frac{Cp + C'}{(1 + p^2)^{\frac{1}{2}}} = \frac{C\,dy + C'\,dx}{ds}.$$

Par un changement d'axes convenable on obtiendra

$$\rho = -2\,a\,\frac{dy}{ds},$$

ou bien

$$dx = -\,a\,\frac{2\,p\,dp}{(1+p^2)^2},$$

dont l'intégrale est

$$x - b = \frac{a}{x+p^2}.$$

On déduit de cette dernière

$$dy = dx\left(\frac{a}{x-b} - 1\right)^{\frac{1}{2}},$$

équation différentielle d'une cycloïde.

Les quatre constantes qu'introduit l'intégration complète sont déterminées par les conditions de la question. Dans le cas où l'on donne les points extrêmes A et B, sans donner les tangentes en ces points, l'équation aux limites se réduit à

$$Q_1\,\delta p_1 - Q_0\,\delta p_0 = 0 \quad \text{ou} \quad Q_1 = 0, \quad Q_0 = 0;$$

par suite,

$$q_1 = \infty, \quad q_0 = \infty.$$

Les points A et B sont donc les points de rebroussement de la cycloïde.

447. Cette question est celle du numéro précédent généralisée; elle se traite de la même manière. On trouve en effet, pour l'équation différentielle,

$$\frac{(1+p^2)^{\frac{3n+1}{2}}}{q^n} = Cp + C' - n\,\frac{(1+p^2)^{\frac{3n+1}{2}}}{q^n}$$

ou

$$\frac{(1+p^2)^{\frac{3n+1}{2}}}{q^n} = Cp + C',$$

ce qui peut encore s'écrire

$$\rho^n = \frac{C\,p + C'}{\left(1 + p^2\right)^{\frac{1}{2}}}.$$

En changeant convenablement les axes, cette équation devient

$$\rho^n = \frac{K\,p}{\left(1 + p^2\right)^{\frac{1}{2}}} = \frac{K}{\left(\dfrac{1}{p^2} + 1\right)^{\frac{1}{2}}}.$$

Prenant maintenant l'axe des x pour l'axe des y, et réciproquement, et désignant toujours par la lettre p le coefficient angulaire de la tangente, on a

$$(1) \qquad \rho^n = \frac{K}{\left(1 + p^2\right)^{\frac{1}{2}}}.$$

Substituons à p sa valeur

$$\frac{\left(1 + p^2\right)^{\frac{3}{2}} dy}{p\,dp}$$

et intégrons, il vient

$$dx = \frac{\left(ay + b\right)^{\frac{2n}{n+1}} dy}{\left[1 - \left(ay + b\right)^{\frac{2n}{n+1}}\right]^{\frac{1}{2}}}.$$

On peut démontrer que dans les courbes définies par cette équation différentielle le rayon de courbure est proportionnel à une puissance de l'ordonnée. On tire en effet de l'équation (1)

$$n\rho^{n-1}\,d\rho = -\,K\left(1 + p^2\right)^{-\frac{3}{2}} dp = -\,K\,\frac{dy}{\rho}\,;$$

et, par suite,

$$\rho^{n+1} = hy + l,$$

ou simplement

$$\rho^{n+1} = hy,$$

en changeant convenablement les axes.

(O. Bonnet, *Journal* de Liouville, tome IX.)

448. Soient r et θ les coordonnées polaires d'un point quelconque de la courbe, ds l'élément de l'arc, r_0 et r_1 les valeurs de r qui correspondent aux constantes x_0 et x_1; si l'on fait seulement varier θ, ce qui est permis, la condition du maximum ou du minimum nous donne

$$d\left(r^{n+2}\frac{d\theta}{ds}\right) = 0,$$

et, par suite,

$$d\theta = \frac{dr}{r\left[\left(\dfrac{r^{n+2}}{c}\right)^2 - 1\right]^{\frac{1}{2}}}.$$

Cette équation intégrée (n° **266**) prend la forme

$$r^{n+2}\cos(n+2)(\theta - \theta_0) = C = r_0^{n+2}.$$

Les courbes que cette équation renferme jouissent de la propriété de représenter, dans un grand nombre de cas, les intégrales eulériennes de seconde espèce. (Serret, *Journ.* de Liouville, t. VII). On les obtient aussi en cherchant la figure d'équilibre d'un fil flexible, homogène, dont la tension varie d'un point à l'autre proportionnellement à l'épaisseur, et dont tous les points sont sollicités par une force centrale en raison inverse de la distance. (O. Bonnet, *Journal* de Liouville, t. IX.)

449. $\displaystyle\delta \int_{x_0}^{x_1} (x - x_0)^n \, ds$

$$= \int_{x_0}^{x_1} \left[n(x - x_0)^{n-1}(\delta x - \delta x_0) + (x - x_0)^n \, d.\delta s \right];$$

de

$$ds^2 = dx^2 + dy^2 + dz^2,$$

on tire

$$d.\delta s = \frac{dx}{ds}\,d.\delta x + \frac{dy}{ds}\,d.\delta y + \frac{dz}{ds}\,d.\delta z.$$

Après avoir substitué cette valeur dans la première équation et intégré par parties pour faire sortir du signe $\int$ les différentielles des variations, on arrive aux équations suivantes :

$$(1) \qquad d\left[(x - x_0)^n \frac{dz}{ds}\right] = 0, \quad d\left[(x - x_0)^n \frac{dy}{ds}\right] = 0,$$

$$d\left[(x - x_0)^n \frac{dx}{ds}\right] - n\,(x - x_0)^{n-1}\,ds = 0,$$

$$A_{x_1} - A_{x_0} - \delta x_0 \int_{x_0}^{x_1} n\,(x - x_0)^{n-1}\,ds = 0,$$

A représentant l'expression

$$(x - x_0)^n \left(\frac{dx}{ds}\,\delta x + \frac{dy}{ds}\,\delta y + \frac{dz}{ds}\,\delta z\right).$$

Les deux premières suffisent pour déterminer la courbe. On en tire

$$z = ay + b;$$

donc la courbe est plane. Si on la suppose située dans le plan des x, y, il faut intégrer l'équation

$$(x - x_0)^n \frac{dy}{ds} = C.$$

Cette équation revient à la suivante :

$$dy = dx\left[\left(\frac{x - x_0}{a}\right)^{2n} - 1\right]^{-\frac{1}{2}},$$

ou plus simplement

$$(2) \qquad dy = dx \left[\left(\frac{x}{a} \right)^n - 1 \right]^{-\frac{1}{2}},$$

dont il est facile de trouver les cas d'intégrabilité.

Si $n = -\frac{1}{2}$, la courbe est une cycloïde et le calcul qui précède est celui de la *brachistochrone*.

Cherchons ce que devient l'équation aux limites quand les deux points P_0 et P_1 répondant à x_0 et x_1 ne sont pas fixes, mais assujettis à rester sur deux courbes données C_0 et C_1. Les variations des points extrêmes étant indépendantes l'une de l'autre, on a d'abord

$$A_{x_1} = 0, \quad \text{ou} \quad \left(\frac{dx}{ds} \delta x + \frac{dy}{ds} \delta y + \frac{dz}{ds} \delta z \right)_{x_1} = 0;$$

c'est-à-dire que la tangente à la courbe au point P est perpendiculaire à la tangente au même point de la courbe C_1.

On a aussi

$$(3) \quad \begin{cases} (x - x_0)^n \left(\dfrac{dx}{ds} \delta x + \dfrac{dy}{ds} \delta y + \dfrac{dz}{ds} \delta z \right)_{x_0} \\[2mm] + \delta x_0 \displaystyle\int_{x_0}^{x_1} n (x - x_0)^{n-1} ds = 0. \end{cases}$$

D'ailleurs, pour tous les points de la courbe

$$\frac{dx}{ds} d \left[(x - x_0)^n \frac{dx}{ds} \right] - n (x - x_0)^{n-1} dx = 0;$$

d'où l'on tire

$$\int_{x_0}^{x_1} n (x - x_0)^{n-1} ds = \left[(x - x_0)^n \frac{dx}{ds} \right]_{x_1} - \left[(x - x_0)^n \frac{dx}{ds} \right]_{x_0}.$$

L'équation (3) devient alors

$$(4) \quad \begin{cases} \left[(x - x_0)^n \dfrac{dx}{ds} \right]_{x_1} \delta x_0 + \left[(x - x_0)^n \dfrac{dy}{ds} \right]_{x_0} \delta y_0 \\[3mm] \qquad + \left[(x - x_0)^n \dfrac{dz}{ds} \right]_{x_0} \delta z_0 = 0. \end{cases}$$

Dans les multiplicateurs de δy_0 et δz_0 on peut remplacer l'indice x_0 par l'indice x_1, car on a, pour tous les points de la courbe,

$$(x - x_0)^n \frac{dx}{ds} = \text{const.}, \qquad (x - x_0)^n \frac{dz}{ds} = \text{const.}$$

L'équation (4) ainsi modifiée prouve que la tangente à la courbe cherchée au point P_1 est perpendiculaire à la tangente au point P_0 considérée comme appartenant à la courbe C_0.

L'intégration des équations (1) introduira quatre constantes, et il y aura en outre à déterminer les six coordonnées des points P_0 et P_1. Il est facile de voir, d'après la méthode générale, qu'on obtiendra en tout dix équations pour calculer ces valeurs.

Les courbes renfermées dans l'équation (2) s'obtiennent en faisant rouler sur l'axe des y les courbes dont l'équation est

$$r^m \cos m\theta = r_0^m. \qquad (\textit{Voir } n^o \textbf{448}.)$$

430. Si l'on suppose la génératrice du cylindre parallèle à l'axe des z, la surface a pour équation

$$(1) \qquad \varphi(x, y) = 0.$$

La condition du minimum nous donne, en supposant les limites constantes,

$$(2) \qquad \int_{x_0}^{x_1} \left(d\frac{dx}{ds} \delta x + d\frac{dy}{ds} \delta y + d\frac{dz}{ds} \delta z \right) = 0.$$

D'ailleurs la relation

$$\frac{d\varphi}{dx} \delta x + \frac{d\varphi}{dy} \delta y = 0,$$

déduite de (1), permet de réduire à deux les variations sous le signe. Il en résulte alors les deux équations suivantes :

$$(3) \qquad\qquad d\frac{dz}{ds} = 0,$$

$$(4) \qquad\qquad \frac{d\varphi}{dy}d\frac{dx}{ds} - \frac{d\varphi}{dx}d\frac{dy}{ds} = 0,$$

dont la dernière est une conséquence de (1) et (3).

Cette équation (3) apprend que pour toutes les surfaces cylindriques la tangente à la ligne minimum fait un angle constant avec la génératrice. Ce résultat était facile à prévoir.

Si le cylindre est droit, la courbe a pour équations

$$x^2 + y^2 = a^2,$$
$$z = bs;$$

c'est une hélice.

481. Il s'agit de rendre maximum l'intégrale

$$\int_{x_0}^{x_1} (y^2\,dx - ay\,ds) = 0.$$

On trouve, en faisant varier seulement l'abscisse,

$$ay\frac{dx}{ds} = y^2 - b;$$

et, par suite,

$$dx = \frac{(y^2 - b)\,dy}{[a^2 y^2 - (y^2 - b)^2]^{\frac{1}{2}}}.$$

Cette équation n'est pas intégrable en général, mais on peut toujours obtenir s en fonction de y. On a en effet

$$ds = \frac{ay\,dx}{y^2 - b} = \frac{ay\,dy}{[a^2 y^2 - (y^2 - b)^2]^{\frac{1}{2}}},$$

ce qui peut s'intégrer sous forme finie.

Si $b = 0$, la courbe est un cercle.

452. La théorie des maximum et minimum relatifs nous donne

$$\delta \int_{x_0}^{x_1} [y^2 + 2\,ay) \, dx + 2\,b \, ds] = 0.$$

Si l'on fait seulement varier l'abscisse, il en résulte l'équation différentielle

$$y^2 + 2\,ay + 2\,b \frac{dx}{ds} = C,$$

ou

$$(y + a)^2 + 2\,b \frac{dx}{ds} = C,$$

ou bien encore

$$y^2 + 2\,b \frac{dx}{ds} = C;$$

et, par suite,

$$dx = \frac{dy\,(C - y^2)}{[4\,b^2 - (C - y^2)^2]^{\frac{1}{2}}}.$$

C'est l'équation de la courbe élastique. (Voir n° **407.**) C'est aussi celle de la courbe que décrit le foyer d'une ellipse ou d'une hyperbole dont le grand axe est $2\,b$, et qui roule sans glisser sur l'axe des x.

453. La question revient à trouver la fonction de x qui rend minimum le produit

$$(1) \qquad \int_{x_0}^{x_1} (1 + p^2)^{\frac{1}{2}} \, dx \times \int_{x_0}^{x_1} y \, dx.$$

Or si l'on cherche en général à déterminer une fonction y telle que le produit UV soit maximum ou minimum, U et V désignant deux intégrales définies quelconques prises entre les mêmes limites, il faudra satisfaire à la relation

$$U \delta V + V \delta U = 0;$$

les multiplicateurs des variations sont ici des constantes qu'on pourra calculer dès que la fonction sera connue.

Dans le problème proposé, l'équation à laquelle il faut satisfaire est la suivante :

$$(2) \qquad A\,\delta \int_{x_0}^{x_1} y\,dx + B\,\delta \int_{x_0}^{x_1} (1 + p^2)^{\frac{1}{2}}\,dx = 0,$$

A et B représentant les valeurs constantes que prennent respectivement les deux facteurs du produit (1) pour la valeur cherchée de y.

L'équation (2) peut s'écrire

$$\delta \int \left[cy + (1 + p^2)^{\frac{1}{2}} \right] dx = 0 ;$$

il en résulte l'équation différentielle

$$c\,dx - d\,\frac{p}{(1 + p^2)^{\frac{1}{2}}} = 0,$$

et, par suite,

$$(x - a)^2 + (y - b)^2 = c^2.$$

Il est manifeste que l'arc de cercle qui répond à la question doit tourner sa convexité vers l'axe des x.

Les constantes A et B, dont le rapport est le rayon même du cercle, se déterminent au moyen des intégrales dont elles expriment les valeurs.

454. y variant seul, on a

$$\delta \int_{x_0}^{x_1} s^n\,dx = n \int_{x_0}^{x_1} s^{n-1}\,dx\,\delta s.$$

Afin de faire apparaître sous le signe la différentielle de δs, nous poserons

$$\int s^{n-1}\,dx = H.$$

Il en résulte

$$\int s^{n-1}\, dx\, \delta s = \mathrm{H}\, \delta s - \int \mathrm{H}\, d\delta s,$$

et, en ayant égard aux limites qui sont supposées constantes,

$$\int_{x_0}^{x_1} s^{n-1}\, dx\, \delta s = - \int_{x_0}^{x_1} \mathrm{H}\, d\delta s = \int_{x_0}^{x_1} \delta s\, d\left(\mathrm{H}\, \frac{dy}{ds}\right).$$

L'équation de la courbe est donc

$$\mathrm{H}\, \frac{dy}{ds} = a;$$

d'où

$$\mathrm{H}\, d\, \frac{dy}{ds} + d\mathrm{H}\, \frac{dy}{ds} = 0;$$

et, par suite,

$$(\mathrm{A}) \qquad\qquad a d\, \frac{dy}{ds} + \frac{dy^1}{ds^2} s^{n-1}\, dx = 0.$$

Soit fait $\dfrac{dy}{ds} = u$, l'équation (A) devient

$$\frac{a du}{u^2\left(1 - u^2\right)^{\frac{1}{2}}} + s^{n-1}\, ds = 0,$$

et enfin

$$dy = \frac{a ds}{\left[a^2 + (s^n + b)^2\right]^{\frac{1}{2}}}.$$

Pour $n = 1$, on trouve la chaînette.

455. Le dénominateur de l'expression proposée ne devant pas changer avec la nature de la courbe, il suffit de poser

$$\delta \int_{x_0}^{x_1} x\, \varphi\, ds = 0.$$

Cette équation devient, en ne faisant pas varier x,

$$\int_{x_0}^{x_1} \left(\dot{x}\, \varphi'\, ds + x\, \varphi\, d.\, \delta s\right) = 0.$$

Pour nous débarrasser de ∂s sous le signe, posons

$$\int x\varphi' \, ds = \mathrm{H} ;$$

d'où

$$\int x\varphi' \, ds . \partial s = \mathrm{H}\partial s - \int \mathrm{H}\,d.\partial s ,$$

et en ayant égard aux limites qui sont constantes,

$$\int_{x_0}^{x_1} x\varphi' \, ds . \partial s = - \int_{x_0}^{x_1} \mathrm{H}\,d.\partial s .$$

On trouve alors pour l'équation de la courbe

$$(\mathrm{H} - x\varphi)\frac{dy}{ds} = a ,$$

d'où l'on tire

$$ad\frac{dy}{ds} - \frac{dy^2}{ds^2}\varphi \, dx = 0 ;$$

et, par suite ($\mathrm{n^o}$ 454),

$$dy = \frac{ads}{\left\{a^2 + [\,\mathrm{F}(s) + b^2\,]^2\right\}^{\frac{1}{2}}} ,$$

en posant

$$\mathrm{F}(s) = \int \varphi \, ds .$$

Si $\varphi = s$, on trouve la chaînette.

Le cas général est celui où l'on cherche parmi toutes les courbes de longueur donnée celle dont le centre de gravité est le plus bas, en supposant que la densité soit en chaque point fonction de l'arc qui y aboutit.

456. Posons, pour abréger,

$$\frac{dy_1}{dx} = y'_1 , \qquad \frac{dy_2}{dx} = y'_2 , \dots ,$$

on aura, n désignant le degré d'homogénéité,

$$nu = \frac{du}{dy'_1} + \frac{du}{dy'_2} + \cdots;$$

par conséquent,

$$(\text{A}) \qquad \left\{ \begin{aligned} n\,du &= y'_1 d\frac{du}{dy'_1} + y'_2 d\frac{du}{dy'_2} + \cdots \\ &\quad + \frac{du}{dy'_1}\,dy'_1 + \frac{du}{dy'_2}\,dy'_2 + \cdots. \end{aligned} \right.$$

D'un autre coté, puisque l'intégrale $\int u\,dx$ est un maximum ou un minimum, sa variation est nulle. En exprimant ce fait conformément à la méthode générale, on obtient les relations

$$d\frac{du}{dy'_1} = \frac{du}{dy_1}\,dx, \qquad d\frac{du}{dy'_2} = \frac{du}{dy_2}\,dx, \ldots$$

Par suite, l'équation (A) devient

$$\left. \begin{aligned} n\,du &= \frac{du}{dy_1}\,dy_1 + \frac{du}{dy_2}\,dy_2 + \cdots \\ &\quad + \frac{du}{dy'_1}\,dy'_1 + \frac{du}{dy'_2}\,dy'_2 + \cdots \end{aligned} \right\} = du;$$

et comme n est supposé différent de 1, il en résulte

$$u = C. \qquad\qquad \text{C. Q. F. D.}$$

TROISIÈME PARTIE.

QUESTIONS DIVERSES.

1. Sommer les deux suites

$$A = 1 + p \cos x + p^2 \cos 2x + \ldots + p^n \cos nx,$$

$$B = p \sin x + p^2 \sin 2x + \ldots + p^n \sin nx.$$

2. Si l'on pose

$$F\alpha = x + 2^\alpha x^2 + 3^\alpha x^3 + \ldots + n^\alpha x^n,$$

trouver la relation qui lie $F_{\alpha+1}$ et F_α, et en déduire les sommes F_1 et F_2.

3. Déterminer $\varphi(x)$ par la condition

$$\int_0^1 \varphi(\alpha x)\, d\alpha = n\, \varphi(x).$$

4. $\operatorname{Log} x$ ne peut être égal à une fonction rationnelle de x. (LIOUVILLE.)

5. Démontrer que $\varphi(x)$ est identiquement nul si on a, pour toute valeur entière de n,

$$u = \int_a^b x^n \varphi(x)\, dx = 0.$$

6. Trouver, au moyen du théorème de Wallis, la limite

des expressions

$$n^{\frac{1}{2}} \int_0^{\frac{\pi}{2}} \cos^{2n} \theta \, d\theta, \qquad n^{\frac{1}{2}} \int_0^{\frac{\pi}{2}} \cos^{2n+1} \theta \, d\theta,$$

quand n croit indéfiniment.

7. Soit la fonction

$$(a_1 x_1 + a_1 x_2 + \ldots + a_n x_n)^2 + (b_1 x_1 + b_2 x_2 + \ldots + b_n x_n)^2 + \text{etc.},$$

le nombre des polynômes élevés au carré étant égal à n. Les variables x_1, x_2, ..., x_n, sont liées, par des relations linéaires, à n autres variables u_1, u_2, ..., u_n, de telle sorte qu'au moyen de ces variables la fonction prend la forme

$$A_1 u_1{}^2 + A_2 u_2{}^2 + \ldots + A_n u_n{}^2;$$

démontrer que le produit $A_1 A_2 \ldots A_n$ est un carré parfait.

8. Quelle doit être la relation $s = \varphi(x)$, pour que l'intégrale

$$\int_0^h \frac{ds}{(h-x)^{\frac{1}{2}}}$$

soit indépendante de h?

9. Quelle doit être la relation $s = \varphi(x)$ pour que l'intégrale

$$\int_0^h (h-x)^n \, ds$$

soit indépendante de h?

10. Étant données les deux équations

$$(1) \qquad \frac{d^n y}{dx^n} + p_1 \frac{d^{n-1} y}{dx^{n-1}} + \ldots + p_n y = 0,$$

$$(2) \qquad \frac{d^n y}{dx^n} - \frac{d^{n-1}(p_1 y)}{dx^{n-1}} + \ldots \pm p_1 y = 0,$$

dans lesquelles $p_1, p_2, \ldots, p_n$ sont des fonctions de x, démontrer que toute solution de l'équation (1) est un facteur qui rend intégrable l'équation (2), et réciproquement.

11. Étant donnée l'équation

$$\frac{d\left(K\dfrac{dV}{dx}\right)}{dx} + GV = 0,$$

dans laquelle V, K et G sont des fonctions de x, K restant constamment positif, démontrer que V et $\dfrac{dV}{dx}$ ne peuvent s'annuler pour la même valeur assignée à x.   (Sturm.)

12. Si l'on connaît une intégrale première de l'équation

$$\frac{d^2 y}{dx^2} = F(y, x),$$

on peut toujours obtenir son intégrale générale au moyen des quadratures.   (Jacobi.)

13. Démontrer que l'expression

$$\varphi = \frac{d^{\alpha-1}\left(1-z^2\right)^{\alpha-\frac{1}{2}}}{dz^{\alpha-1}},$$

dans laquelle $z = \cos x$, s'annule pour

$$z = 1,$$

et vérifier l'identité

$$\varphi = (-1)^{\alpha-1}.3.5.7\ldots(2\alpha-1)\frac{\sin \alpha x}{\alpha}.$$

$$(\text{Jacobi.})$$

14. L'équation

$$\frac{d^2 V}{dx^2} + \frac{d^2 V}{dy^2} + \frac{d^2 V}{dz^2} = 0$$

est satisfaite par l'intégrale

$$\iiint \frac{da\,db\,dc}{\left[(x-a)^2 + (y-b)^2 + (z-c)^2\right]^{\frac{1}{2}}},$$

dans laquelle on suppose les limites constantes. Trouver une solution de forme semblable pour l'équation

$$\frac{d^2V}{dx^2} + \frac{d^2V}{dy^2} + \frac{d^2V}{dz^2} + \frac{d^2V}{du^2} + \ldots = 0,$$

n étant le nombre des variables indépendantes.

15. Sachant qu'une fonction $F(x)$ est égale à la somme de la série convergente

$$A_0 + A_1 \cos x + A_2 \cos 2x + \ldots + A_n \cos nx + \ldots$$

pour toutes les valeurs de la variable comprises entre o et π, ainsi que pour ces limites, démontrer qu'on a généralement

$$A_n = \frac{2}{\pi} \int_0^\pi F(x) \cos nx\, dx.$$

16. La proposition précédente étant vraie pour la fonction

$$e^{ax} + e^{-ax},$$

en conclure la relation

$$\frac{\pi}{2} \frac{e^{ax} + e^{-ax}}{e^{a\pi} - e^{-a\pi}} = \frac{1}{2a} - \frac{a \cos x}{a^2 + 1^2} + \frac{a \cos 2x}{a^2 + 2^2} - \frac{a \cos 3x}{a^2 + 3^2} + \ldots$$

17. Sommer les séries

$$\frac{1}{u^2 + 1^2} + \frac{1}{u^2 + 2^2} + \frac{1}{u^2 + 3^2} + \ldots,$$

$$\frac{1}{u^2 + 1^2} + \frac{1}{u^2 + 3^2} + \frac{1}{u^2 + 5^2} + \ldots$$

(Euler.)

18. Sommer la série

$$1 - \frac{1}{2^2} + \frac{1}{3^2} - \frac{1}{4^2} + \ldots$$

19. Trouver la courbe dans laquelle la projection du

rayon vecteur sur la tangente a un rapport constant avec la
distance du pôle à cette même tangente.

20. Trouver la courbe dans laquelle la distance de l'origine au pied de la normale a un rapport constant avec la
longueur de cette normale.

21. Trouver la courbe dont l'aire est égale au cube de
l'ordonnée divisée par l'abscisse.

22. Trouver la trajectoire orthogonale des lemniscates,
dont l'équation est

$$(x^2 + y^2)^2 = a^2(x^2 - y^2),$$

a étant un paramètre variable.

23. Trajectoire orthogonale des ellipses données par l'é-
quation

$$\frac{x^2}{a^2} + \frac{y^2}{b^2} = 1,$$

le paramètre variable étant b.

24. (*Fig.* 27.) Trouver la courbe qui coupe une série de
paraboles ayant même axe et même sommet, de telle sorte
que les aires AMP, AM'P' soient égales à une surface
donnée.

25. Trouver la courbe qui rencontre une série de cercles concentriques de telle sorte que les arcs de ces cercles, compris entre une droite fixe menée par le centre et
les divers points de rencontre, aient une longueur constante.

26. Trouver la surface qui coupe à angle droit toutes
les sphères passant par un point donné et dont les centres
sont sur une droite fixe menée par ce point.

27. Equation générale des surfaces qui coupent à angle

droit l'ellipsoïde dont l'équation est

$$\frac{x^2}{a^2} + \frac{y^2}{b^2} + \frac{z^2}{c^2} = 1.$$

28. Trouver une courbe telle, que la longueur de l'arc soit dans un rapport constant avec la distance de l'origine au pied de la tangente.

29. Trouver la courbe dans laquelle le rayon de courbure est égal à n fois la normale.

30. Trouver une surface telle, que la distance d'un point donné A au point où une droite fixe AB rencontre le plan tangent en M soit proportionnelle à la longueur AM.

31. Trouver la surface pour laquelle les coordonnées du point où la normale rencontre le plan des xy sont proportionnelles aux coordonnées correspondantes du point de la surface.

32. Trouver une courbe telle que, si d'un point fixe pris dans son plan on mène des rayons vecteurs à ses divers points, la projection du centre de courbure sur le rayon vecteur engendre une courbe semblable à la première.

33. Trouver une courbe semblable à sa développée.

34. Trouver la courbe dans laquelle une puissance donnée de l'abscisse est proportionnelle à l'arc.

35. On suppose que la courbe dont l'équation est, en coordonnées polaires,

$$r^m \cos m\theta = a^m,$$

roule sur une droite donnée, et l'on demande le lieu décrit par le pôle.

36. Si les plans normaux d'une courbe sont tangents à une sphère donnée, la courbe est rectifiable.

37. Lieu des points de rencontre des plans tangents menés à un ellipsoïde par les extrémités de trois diamètres conjugués.

58. Par le centre O d'un ellipsoïde on mène un plan quelconque et une normale à ce plan, puis on porte sur cette normale, et dans le même sens, des longueurs OA, OB égales aux demi-axes principaux de la section obtenue; trouver le lieu des points A et B..

59. Surface enveloppe d'un plan qui touche deux sphères données.

40. Surface enveloppe des plans normaux à l'ellipse sphérique (n° **173**).

41. Par un point M d'une surface on mène un plan tangent, et d'un point fixe O on abaisse sur ce plan une perpendiculaire OH. Si l'on prend sur OH un point M′ tel qu'on ait OM′. OH égal à une constante K², le lieu des points M′ est tel, que la perpendiculaire OH′, abaissée sur son plan tangent en M′, passe par le point M; et l'on a aussi

$$OM.OH' = K^2.$$

42. On donne deux ellipsoïdes P et P_1, concentriques, semblables et semblablement placés ; des points de P_1 comme sommets on décrit des cônes tangents à P : démontrer que deux quelconques de ces cônes se coupent suivant deux courbes planes.

SOLUTIONS

DES QUESTIONS DIVERSES.

1. Dans l'équation identique

$$1 + a + a^2 + \ldots + a^n = \frac{1 - a^{n+1}}{1 - a},$$

substituons à a l'expression imaginaire

$$p\,(\cos x + i \sin x) = pe^{ix},$$

elle devient

$$1 + pe^{ix} + p^2 e^{2\,ix} + \ldots + p^n e^{nix} = \frac{1 - p^{n+1} e^{(n+1)\,ix}}{1 - pe^{ix}}.$$

Multiplions les deux termes du second membre par $1 - pe^{-ix}$, et revenons aux lignes trigonométriques; l'équation qu'on obtient se décompose dans les deux suivantes :

$$A = \frac{p^{n+2} \cos nx - p^{n+1} \cos (n + 1) x - p \cos x + 1}{1 - 2p \cos x + p^2},$$

$$B = \frac{p^{n+2} \sin nx - p^{n+1} \sin (n + 1) x + p \sin x}{1 - 2p \cos x + p^2}.$$

Pour $p < 1$ et n infini, on a

$$\lim A = \frac{1 - p \cos x}{1 - 2p \cos x + p^2},$$

$$\lim B = \frac{p \sin x}{1 - 2p \cos x + p^2}.$$

2. On trouve

$$F_{\alpha+1} = x\,F'_{\alpha};$$

et comme

$$F_0 = \frac{1 - x^{n+1}}{1 - x},$$

il en résulte

$$F_1 = \frac{x - (n+1)\,x^{n+1} + n.x^{n+2}}{(1-x)^2},$$

$$F_2 = \frac{x + x^2 - (n+1)^2\,x^{n+1} + (2\,n^2 + 2\,n - 1)\,x^{n+2} - n^2\,x^{n+3}}{(1-x)^3}.$$

3. Posons

$$\alpha x = z,$$

il en résulte

$$\int_0^z \varphi(z)\,dz = nx\varphi(x) = \int_0^x \varphi(x)\,dx;$$

et en différentiant les deux membres par rapport à x,

$$n\left[x\varphi'(x) + \varphi(x)\right] = \varphi(x).$$

D'où

$$\varphi(x) = C.x^{\frac{1-n}{n}}.$$

4. Il faut démontrer qu'on ne peut avoir

$$\log x = \frac{f}{\varphi},$$

f et φ désignant deux fonctions algébriques entières de x et premières entre elles. Pour cela, différentions l'égalité précédente, elle donne

$$(1)\qquad \frac{\varphi^2}{x} = \varphi f' - f\varphi'.$$

Il résulte de là que φ doit être divisible par x, et que f ne doit pas l'être. Faisons donc

$$\varphi = \psi\,x^n,$$

ψ étant un nouveau polynôme non divisible par x; nous en conclurons

$$\varphi' = n\psi.x^{n-1} + \psi'\,x^n.$$

Substituant cette valeur et celle de φ dans l'équation (1), il vient

$$\psi^2 x^{2n-1} = \psi f' x^n - n \psi f x^{n-1} - f \psi' x^n,$$

ou bien

$$n f \psi = x (\psi f' - f \psi') - \psi^2 x^n.$$

Cette dernière égalité est absurde, car le second membre est divisible par x et le premier ne peut l'être, f et ψ étant premiers avec x. Donc, etc.

5. Si la fonction $\varphi(x)$ n'est pas nulle depuis $x = a$ jusqu'à $x = b$, elle doit changer de signe dans cet intervalle, sans quoi les éléments de l'intégrale u étant tous de même signe pour une valeur convenable de n, l'intégrale ne pourrait être nulle. Supposons donc que $\varphi(x)$ change de signe, trois fois par exemple, et soient x_1, x_2, x_3 les valeurs de x qui donnent lieu à ce changement. Soit fait

$$\psi(x) = (x - x_1)(x - x_2)(x - x_3) = A x^3 + B x^2 + C x + D.$$

Puisque l'intégrale u est nulle pour toutes les valeurs entières de n, on a

$$\int_a^b x^3 \varphi(x)\, dx = 0, \qquad \int_a^b x^2 \varphi(x)\, dx = 0,$$

$$\int_a^b x \varphi(x)\, dx = 0, \qquad \int_a^b \varphi(x)\, dx = 0;$$

et, par suite,

$$\int_a^b (A x^3 + B x^2 + C x + D) \varphi(x)\, dx = \int_a^b \psi(x) \varphi(x)\, dx = 0.$$

La dernière équation ne peut exister, puisque $\psi(x)$ et $\varphi(x)$ changeant toujours de signe en même temps, l'élément de l'intégrale a toujours même signe. D'ailleurs le raisonnement resterait le même quel que fût le degré de ψ; donc, etc.

6. Le théorème de Wallis consiste en ce qu'on a, quand n croît indéfiniment,

$$\lim \frac{\pi}{2} \cdot \frac{3.3.5.5\dots(2n-1)(2n-1)(2n+1)}{2.2.4.4\dots 2n.2n} = 1,$$

ou bien

$$\left(\frac{2}{\pi}\right)^{\frac{1}{2}} = \lim \frac{3.5.7\dots(2n-1)(2n+1)^{\frac{1}{2}}}{2.4.6\dots 2n}.$$

Or

$$A = \int_0^{\frac{\pi}{2}} \cos^{2n}\theta\, d\theta = \frac{\varpi}{2} \cdot \frac{1\ 3.5\dots(2n-1)}{2.4\ \ .2n};$$

par conséquent,

$$\lim A \cdot n^{\frac{1}{2}} = \frac{\pi}{2} \lim \frac{1.3.5\dots(2n-1)(2n+1)^{\frac{1}{2}}}{2.4\ ..2n} \left(\frac{n}{2n+1}\right)^{\frac{1}{2}},$$

ou

$$\lim n^{\frac{1}{2}} \int_0^{\frac{\pi}{2}} \cos^{2n}\theta\, d\theta = \frac{\varpi}{2} \cdot \left(\frac{2}{\varpi}\right)^{\frac{1}{2}} \cdot \left(\frac{1}{2}\right)^{\frac{1}{2}} = \frac{\varpi^{\frac{1}{2}}}{2}.$$

L'équation

$$\int_0^{\frac{\pi}{2}} \cos^{2n+1}\theta\, d\theta = \frac{2.4\dots 2n}{3.5\ ..(2n+1)}$$

conduirait d'une manière analogue à la relation

$$\lim n^{\frac{1}{2}} \int_0^{\frac{\pi}{2}} \cos^{2n+1}\theta\, d\theta = \frac{\varpi^{\frac{1}{2}}}{2}.$$

7. Considérons l'intégrale

$$K = \int_{-\infty}^{+\infty} dx_1 \int_{-\infty}^{+\infty} dx_2 \dots \int_{-\infty}^{+\infty} dx_n\, e^{-X},$$

dans laquelle X représente, pour abréger, l'expression

$$(a_1 x_1 + a_2 x_2 + \dots + a_n x_n)^2 + b_1 x_1 + (b_2 x_2 + \dots + b_n x_n)^2 + \dots$$

13.

Pour en obtenir la valeur, changeons de variables et posons

$$a_1 x_1 + a_2 x_2 + \ldots + a_n x_n = z_1,$$
$$b_1 x_1 + b_2 x_2 + \ldots + b_n x_n = z_2,$$
$$\ldots \ldots \ldots \ldots \ldots \ldots \ldots$$

Ces relations étant du premier degré, l'élément de l'intégrale transformée sera

$$\alpha \, dz_1 \, dz_2 \ldots dz_n \, e^{-z_1^2 - z_2^2 - \cdots},$$

les limites étant les mêmes et α représentant un coefficient rationnel en a_1, b_1,.... Comme on a, d'après la formule B, page 132,

$$\int_{-\infty}^{+\infty} e^{-hu^2} \, du = \left(\frac{\varpi}{h}\right)^{\frac{1}{2}},$$

il en résulte

$$\mathrm{K} = \alpha \varpi^{\frac{n}{2}}.$$

D'un autre côté, il suit des conditions données qu'on a encore

$$\mathrm{K} = \alpha' \int_{-\infty}^{+\infty} du_1 \int_{-\infty}^{+\infty} du_2 \ldots \int_{-\infty}^{+\infty} du_n \, e^{-A_1 u_1^2 - A_2 u_2^2 - \cdots},$$

α' étant rationnel par rapport aux quantités a_1, b_1,..... On trouvera donc

$$\mathrm{K} = \frac{\alpha'}{(A_1 A_2 \ldots A_n)^{\frac{1}{2}}} \varpi^{\frac{n}{2}};$$

et, par suite,

$$(A_1 A_2 \ldots A_n)^{\frac{1}{2}} = \frac{\alpha'}{\alpha},$$

quantité rationnelle.

C. Q. F. D.

8. Soit

$$\mathrm{T} = \int_0^h (h - x)^{-\frac{1}{2}} \, ds = \int_0^{\cdot} (h - x)^{-\frac{1}{2}} \varphi'(x) \, dx.$$

Afin d'avoir des limites indépendantes de h, posons

$$zh = x;$$

il vient

$$T = \int_0^1 h^{\frac{1}{2}} (1 - z)^{-\frac{1}{2}} \varphi'(zh)\, dz.$$

Il faut que $\dfrac{dT}{dh}$ soit nul, quel que soit h; on a donc

$$0 = \frac{dT}{dh} = \int_0^1 dz (1 - z)^{-\frac{1}{2}} \left[\frac{1}{2} h^{-\frac{1}{2}} \varphi'(zh) + h^{\frac{1}{2}} \varphi''(zh)\, z \right],$$

$$= \int_0^1 dz\, h^{-\frac{1}{2}} (1 - z)^{-\frac{1}{2}} \left[\frac{1}{2} \varphi'(zh) + zh \varphi''(zh) \right].$$

Soit fait

$$\frac{1}{2} \varphi'(x) + x \varphi''(x) = F(x),$$

il en résulte

$$\frac{dT}{dh} = \int_0^1 dz (h - zh)^{-\frac{1}{2}} F(zh) = \int_0^h \frac{h\, F(x)\, dx}{(h - x)^{\frac{1}{2}}} = 0.$$

Pour que l'intégrale soit nulle, quel que soit h, il faut que $F(z)$ soit nul identiquement; car si $F(x)$ n'est pas nul, on peut prendre h assez petit pour que $F(x)$ garde le même signe dans toute l'étendue de l'intégrale, et comme le facteur $\dfrac{h}{(h - x)^{\frac{1}{2}}}$ est toujours positif, l'intégrale ayant tous ses éléments de même signe ne saurait être nulle. Donc

$$\varphi'(x) + 2 x \varphi''(x) = 0.$$

On tire de là

$$\varphi'(x) = \left(\frac{c}{x} \right)^{\frac{1}{2}} = \frac{ds}{dx};$$

c'est l'équation différentielle de la cycloïde.

Le problème que nous venons de résoudre n'est autre que celui de la *tautochrone* dans le vide.

(PUISEUX.)

9. En raisonnant comme dans le numéro qui précède, on trouve

$$dy = \left[A^2 x^{-2(n+1)} - 1 \right]^{\frac{1}{2}} dx.$$

10. Multiplions l'équation (1) par le facteur $z\,dx$, z étant une indéterminée, et intégrons par parties de manière à débarrasser y de tout signe de différentiation sous le signe $\int$. Un terme tel que $p_k \dfrac{d^{n-k} y}{dx^{n-k}}$ donnera naissance à l'intégrale

$$\pm \int y \, \frac{d^{n-k}(p_k z)}{dx^{n-k}} \, dx,$$

le signe $+$ répondant à $n-k$ pair et le signe $-$ à $n-k$ impair. Ainsi, le résultat de l'intégration se composera d'une partie débarrassée du signe $\int$ et de l'intégrale

$$\pm \int y \left[\frac{dz^n}{dx^n} - \frac{d^{n-1}(p_1 z)}{dx^{n-1}} + \frac{d^{n-2}(p_2 z)}{dx^{n-2}} + \dots + p_n z \right] dz.$$

Si z satisfait à l'équation (2), l'intégrale s'évanouit; l'équation (1) devient donc intégrable quand on la multiplie par une solution de l'équation (2).

L'autre partie de la proposition se voit très-facilement de la même manière.

11. Supposons que V ne soit pas nulle pour $x = a$. Comme l'équation différentielle proposée est du second ordre, on peut concevoir une fonction V_1 qui y satisfasse, et qui diffère de V en ce qu'on en tire, pour $x = a$, des valeurs arbitraires de V_1 et de $\dfrac{dV_1}{dx}$ différentes de celles de V et de $\dfrac{dV}{dx}$.

On a donc

$$\frac{d\left(k\dfrac{dV}{dx}\right)}{dx} = GV = o, \qquad \frac{d\left(k\dfrac{dV_1}{dx}\right)}{dx} = GV_1 = o;$$

d'où résulte, en multipliant la première par $V_1\,dx$ et la seconde par $V\,dx$ et retranchant,

$$V_1\,d\left(K\frac{dV}{dx}\right) - V\,d\left(K\frac{dV_1}{dx}\right) = o = d\left[K\left(V_1\frac{dV}{dx} - V\frac{dV_1}{dx}\right)\right];$$

par conséquent,

$$K\left(V_1\frac{dV}{dx} - V\frac{dV_1}{dx}\right) = \text{const.}$$

On suppose que V n'est pas nulle pour $x = a$, et l'on peut se donner à volonté, pour $x = a$, des valeurs de V_1 et $\dfrac{dV_1}{dx}$ telles que l'expression

$$K\left(V_1\frac{dV}{dx} - V\frac{dV_1}{dx}\right).$$

ait pour $x = a$ une valeur différente de zéro, qui sera celle de la constante. On voit alors que pour toute autre valeur de x on ne peut avoir en même temps

$$V = o, \qquad \frac{dV}{dx} = o,$$

puisqu'il s'ensuivrait const $= o$, ce qui est contre l'hypothèse.

Il suit de ce qui précède que V change de signe chaque fois qu'il s'évanouit. On le fait voir absolument comme dans la démonstration du théorème de Sturm.

12. Soit

$$\frac{dy}{dx} = \varphi(y, x, a),$$

l'intégrale première connue renfermant la constante arbitraire a. On trouve en différentiant

$$\frac{d^2 y}{dx^2} = \frac{d\varphi}{dy}\varphi + \frac{d\varphi}{dx},$$

et, par suite,

$$F(y, x) = \frac{d\varphi}{dy}\varphi + \frac{d\varphi}{dx}.$$

Différentions par rapport à a cette nouvelle équation, elle donne

$$0 = \frac{d^2\varphi}{da\,dy}\varphi + \frac{d\varphi}{dy}\frac{d\varphi}{da} + \frac{d^2\varphi}{da\,dx},$$

ou bien

$$0 = \frac{d\left(\frac{d\varphi}{da}\varphi\right)}{dy} + \frac{d\left(\frac{d\varphi}{da}\right)}{dx};$$

ce qui est la condition pour que l'expression

$$\frac{d\varphi}{da}\,dy - \frac{d\varphi}{da}\varphi\,dx$$

soit une différentielle exacte. On a donc pour l'intégrale générale

$$\int \frac{d\varphi}{da}(dy - \varphi\,dx) = C.$$

(Journ. de Liouville, tome XIV.)

15. 1°. Rappelons qu'on a généralement u et v représentant deux fonctions de z,

$$(1) \qquad \frac{d^n uv}{dz^n} = u\frac{d^n v}{dz^n} + n\frac{du}{dz}\frac{d^{n-1} v}{dz^{n-1}} + \cdots$$

Soit fait

$$n = x - 1, \quad u = (1 + z)^{x - \frac{1}{2}}, \quad v = (1 - z)^{x - \frac{1}{2}};$$

il en résulte

$$\frac{d^m u}{dz^m} = A \left(1 + z\right)^{\alpha - \frac{2m+1}{2}},$$

$$\frac{d^m v}{dz^m} = B \left(1 - z\right)^{\alpha - \frac{2m+1}{2}},$$

A et B désignant deux coefficients numériques. Ces expressions nous montrent que dans le développement de φ le facteur $(1 - z)$ entre à tous les termes avec des exposants toujours positifs, puisque $\alpha - 1$ est toujours plus grand que m ; φ s'annule donc pour $z = 1$.

2°. L'identité est manifeste pour $\alpha = 1$. Il suffit donc de prouver que si elle est vraie pour une valeur de α, elle existe encore pour une valeur supérieure d'une unité. Or on a

$$\frac{d^{\alpha} \left(1 - z^2\right)^{\alpha + \frac{1}{2}}}{dz^{\alpha}} = \int_1^z dz \, \frac{d^{\alpha+1} \cdot \left(1 - z^2\right)^{\alpha + \frac{1}{2}}}{dz^{\alpha+1}}$$

$$= - \int_0^x \sin x \, dx \, \frac{d^{\alpha+1} \cdot \left(1 - z^2\right)^{\alpha + \frac{1}{2}}}{dz^{\alpha+1}}.$$

Regardons $\left(1 - z^2\right)^{\alpha + \frac{1}{2}}$ comme le produit de deux facteurs $1 - z^2$, $\left(1 - z^2\right)^{\alpha - \frac{1}{2}}$, la formule (1) donnera

$$\frac{d^{\alpha+1} \cdot \left(1 - z^2\right)^{\alpha + \frac{1}{2}}}{dz^{\alpha+1}} = \left(1 - z^2\right) \frac{d^2 \varphi}{dz^2} - 2\left(\alpha + 1\right) z \frac{d\varphi}{dz} - \alpha\left(\alpha + 1\right) \varphi.$$

Le second membre peut aussi s'écrire

$$\frac{d^2 \varphi}{dx^2} - 2\left(\alpha + 1\right) \frac{\cos x}{\sin x} \frac{d\varphi}{dx} - \alpha\left(\alpha + 1\right) \varphi,$$

et comme l'identité proposée est supposée exister pour la valeur α, on trouve, en prenant pour φ l'expression qui en résulte,

$$\frac{d^{\alpha+1}\left(1-z^2\right)^{\alpha+\frac{1}{2}}}{dz^{\alpha+1}} = (-1)^{\alpha-1}.3.5.7\ldots(2\alpha+1)\frac{\cos(\alpha+1)x}{\sin x};$$

d'où

$$\frac{d^{\alpha}\left(1-z^2\right)^{\alpha+\frac{1}{2}}}{dz^{\alpha}} = (-1)^{\alpha}.3.5\ldots(2\alpha+1)\int_0^x \cos(\alpha+1)x\,.dx$$

$$= (-1)^{\alpha}.3.5\ldots(2\alpha+1)\frac{\sin(\alpha+1)x}{\alpha+1}.$$

C. Q. F. D.

14. L'analogie indique la forme suivante :

$$V = \int\int\int\cdots\frac{da\,db\,dc\ldots}{\left[(x-a)^2+(y-b)^2+(z-c)^2+\ldots\right]^p},$$

p étant une indéterminée. On tire de là

$$\frac{d^2V}{dx^2} = -2p\int\int\int\cdots\frac{da\,db\,dc\ldots}{\left[(x-a)^2+(y-b)^2+(z-c)^2+\ldots\right]^{p+1}}$$

$$+4p(p+1)\int\int\int\cdots\frac{(x-a)^2\,da\,db\,dc}{\left[(x-a)^2+(y-b)^2+(z-c)^2+\ldots\right]^{p+2}};$$

par conséquent,

$$\frac{d^2V}{dx^2} + \frac{d^2V}{dy^2} + \frac{d^2V}{dz^2} + \ldots$$

$$= [4p(p+1)-2pn]\int\int\int\cdots\frac{da\,db\,dc\ldots}{\left[(x-a)^2+(y-b)^2+(z-c)^2+\ldots\right]^{p+1}}.$$

Le second membre sera nécessairement nul, si l'on pose

$$p = \frac{n}{2} - 1;$$

la solution demandée est donc

$$V = \int\int\int \cdots \frac{da\,db\,dc\ldots}{\left[(x-a)^2+(y-b)^2+(z-c)^2+\ldots\right]^{\frac{n}{2}-1}}.$$

15.
$$\int_0^\pi F(x)\cos nx\,dx$$

$$= \int_0^\pi (A_0 + A_1\cos x + A_2\cos 2x + \ldots)\cos nx\,dx;$$

et comme $\displaystyle\int_0^\pi \cos px\cos qx\,dx$ est nul toutes les fois que p
est différent de q, il en résulte

$$\int_0^\pi F(x)\cos nx\,dx = A_n\int_0^\pi \cos^2 nx\,dx = \frac{\pi}{2}A_n. \qquad \text{c. q. f. d.}$$

16. De l'égalité

$$\int e^{ax}\cos nx\,dx = \frac{n\sin nx + a\cos nx}{a^2+n^2}e^{ax} + C,$$

on déduit

$$\int_0^\pi (e^{nx}+e^{-ax})\cos nx\,dx = \frac{a\left(e^{a\pi}-e^{-a\pi}\right)}{a^2+n^2}\cos n\pi;$$

d'où

$$A_n = \frac{2}{\pi}(-1)^n\frac{e^{a\pi}-e^{-a\pi}}{a^2+n^2}.$$

De là résulte immédiatement la relation proposée.

17. Soit fait
$$x = \pi, \qquad a = u$$

dans la relation précédente, elle donne

$$\frac{\pi}{2}\frac{e^{u\pi}+e^{-u\pi}}{e^{u\pi}-e^{-u\pi}} = \frac{1}{2u} + \frac{u}{u^2+1^2} + \frac{u}{u^2+2^2} + \ldots,$$

ou bien

$$\frac{u\pi - 1}{2\,u^2} + \frac{\pi}{u\left(e^{2\,u\pi} - 1\right)} = \frac{1}{u^2 + 1^2} + \frac{1}{u^2 + 2^2} + \cdots$$

Remplaçons maintenant dans la même relation x par 0, a par u, et retranchons le nouveau résultat de celui qu'on vient d'écrire, on trouve

$$\frac{\pi}{4\,u} - \frac{\pi}{2\,u\left(e^{u\pi} + 1\right)} = \frac{1}{u^2 + 1^2} + \frac{1}{u^2 + 3^2} + \cdots$$

(Voir n° 74, première partie.)

18. Faisons

$$x = 0,$$

dans la relation du n° 16, elle donne

$$\frac{1}{2\,a^2} - \frac{\pi}{a\left(e^{a\pi} - e^{-a\pi}\right)}$$

$$= \frac{1}{a^2 + 1^2} - \frac{1}{a^2 + 2^2} + \frac{1}{a^2 + 3^2} - \frac{1}{a^2 + 4^2} + \cdots$$

Pour $a = 0$, la vraie valeur du premier membre est $\dfrac{\pi^2}{12}$.

19. a désignant le rapport donné, l'angle du rayon vecteur avec la tangente a pour tangente trigonométrique $\dfrac{1}{a}$. On a donc

$$\frac{r\,d\theta}{dr} = \frac{1}{a}; \quad \text{d'où} \quad r = C e^{a\theta},$$

équation de la spirale logarithmique.

20. $\quad y\left(1 + \dfrac{dy^2}{dx^2}\right) = a\left(x + \dfrac{y\,dy}{dx}\right);$

et en résolvant par rapport à $y\,\dfrac{dy}{dx}$,

$$\frac{(a^2 - 1)\,y\,\dfrac{dy}{dx} + a^2 x}{\left[(a^2 - 1)\,y^2 + a^2 x^2\right]^{\frac{1}{2}}} = \pm\, 1.$$

L'équation intégrale

$$[(a^2-1)y^2+a^2 x^2]^{\frac{1}{2}}=C\pm x$$

représente des cercles.

21. $$\int y\,dx=\frac{y^3}{x};$$

et en différentiant,

$$(x^2+y^2)\,dx=3\,xy\,dx.$$

On trouve pour l'intégrale de cette équation homogène

$$x^2-2y^2=C\,x^{\frac{2}{3}}.$$

22. Posons

$$(x^2+y^2)^2-a^2(x^2-y^2)=F(x,y),$$

d'où

$$\frac{\left(\dfrac{dF}{dx}\right)}{\left(\dfrac{dF}{dy}\right)}=-\frac{x}{y}\frac{3y^2-x^2}{3x^2-y^2};$$

l'équation différentielle est donc, d'après la théorie des trajectoires orthogonales,

$$1+\frac{dy}{dx}\frac{x(3y^2-x^2)}{y(3x^2-y^2)}=0.$$

Cette équation homogène donne par l'intégration

$$(x^2+y^2)^2=C^2\,xy,$$

équation d'une lemniscate semblable aux proposées et dont l'axe est incliné de 45° sur celui de ces courbes.

Le problème des trajectoires orthogonales a beaucoup occupé les géomètres. En 1715 Leibnitz le proposa aux savants de l'Angleterre, « *Ad pulsum Anglorum analystorum nonnihil tentandum* ». Le gant fut relevé par Newton et

Taylor, mais le travail le plus approfondi sur cette question appartient à Euler.

23. On trouve

$$y^2 + x^2 - C = a^2 \log x^2.$$

24. Soient

$$(1) \qquad\qquad y^2 - 4\,ax = 0$$

l'équation de l'une des paraboles, b^2 la surface constante ; on a

$$(2) \qquad 2 \int_0^x \left(a\,x \right)^{\frac{1}{2}} dx = b^2 = \frac{4}{3}\,x\,(a\,x)^{\frac{1}{2}} .$$

Les relations (1) et (2) font connaître les coordonnées de l'extrémité de l'arc à laquelle s'arrête l'intégrale, et l'équation

$$2\,xy = 3\,b^2,$$

qni en résulte par l'élimination de a, est celle du lieu demandé.

25. Soient b la longueur donnée, $x^2 + y^2 = a^2$ l'équation de l'un des cercles, x_1, y_1 les coordonnées d'un point du lieu ; on a

$$b = \int_0^y \frac{ady}{\left(a^2 - y^2 \right)^{\frac{1}{2}}} = a \arcsin \frac{y_1}{a},$$

et

$$x_1^2 + y_1^2 = a^2.$$

Eliminant a, il vient

$$\operatorname{arc\,tang} \frac{y}{x} = \frac{b}{\left(x^2 + y^2 \right)^{\frac{1}{2}}}, \quad \text{ou} \quad r\theta = b.$$

Cette dernière équation aurait pu s'obtenir tout de suite, car on a, pour les coordonnées polaires d'un point du lieu,

$$r = a, \; \theta = \frac{b}{a};$$

et, par suite,

$$r\,\theta = b.$$

26. Prenant le point donné pour origine et la ligne donnée pour axe des x, l'équation de l'une des sphères sera

$$x^2 + y^2 + z^2 = 2\,ax,$$

Si l'on désigne en outre par $\dfrac{dz}{dx}$, $\dfrac{dz}{dy}$ les dérivées partielles relatives à la surface inconnue, on trouve qu'on est conduit à intégrer l'équation

$$\frac{dz}{dx}\,\frac{y^2 + z^2 - x^2}{2\,xz} - \frac{y}{z}\,\frac{dz}{dy} + 1 = 0.$$

On trouve

$$x^2 + y^2 + z^2 = z\,\varphi\left(\frac{y}{z}\right).$$

27. $\quad \varphi\left(\dfrac{x^{a^2}}{z^{c^2}},\ \dfrac{y^{b^2}}{z^{c^2}}\right) = 0.$

28. Soit $\dfrac{a}{b}$ le rapport donné; on a

$$\int ds = \frac{a}{b}\left(x - y\,\frac{dx}{dy}\right).$$

Différentiant et prenant y pour variable indépendante, il vient

$$\left(1 + \frac{dx^2}{dy^2}\right)^{-\frac{1}{2}} = \frac{a}{b}\,y\,\frac{d^2x}{dy^2}.$$

Faisons $\dfrac{dx}{dy} = t$ et intégrons, nous aurons

$$C\,y^{-\frac{a}{b}} = (1 + t^2)^{\frac{1}{2}} + t,$$

$$\frac{1}{C}\,y^{\frac{a}{b}} = (1 + t^2)^{\frac{1}{2}} - t,$$

et enfin

$$2\,\mathrm{C}\,x + \mathrm{C}' = b\left(\frac{\mathrm{C}^2 y^{\frac{b-a}{b}}}{b-a} - \frac{y^{\frac{b+a}{b}}}{b+a}\right).$$

Ce problème, le cas le plus simple des *courbes de poursuite*, revient au suivant : Un point mobile A parcourt une droite PQ avec une vitesse constante a ; il est poursuivi par un autre mobile B animé d'une vitesse b ; on demande la courbe décrite par B en supposant que la position initiale de ce point ne soit pas sur PQ.

29. On trouve

$$dx = dy\left(c^2 y^{-\frac{2}{n}} - 1\right)^{-\frac{1}{2}},$$

équation toujours intégrable si n est entier. Pour $n = 2$, on a une cycloïde ; pour $n = 1$, un cercle. Lorsqu'on suppose $n = -1$, l'équation devient

$$dx = \frac{dy}{\left(c^2 y^2 - 1\right)^{\frac{1}{2}}},$$

d'où l'on tire

$$cy + \left(c^2 y^2 - 1\right)^{\frac{1}{2}} = a e^x,$$

$$cy - \left(c^2 y^2 - 1\right)^{\frac{1}{2}} = \frac{1}{a}\,e^{-x};$$

et, par suite,

$$y = \frac{a}{2\,c}\left(e^x + \frac{1}{a^2}\,e^{-x}\right).$$

La courbe est une chaînette.

30. On trouve immédiatement, en prenant A pour origine et AB pour axe des z,

$$z - x\frac{dz}{dx} - y\frac{dz}{dy} = a\left(x^2 + y^2 + z^2\right)^{\frac{1}{2}}.$$

L'intégrale de cette équation aux différentielles partielles est la suivante :

$$x^{a-1} \left[(x^2 + y^2 + z^2)^{\frac{1}{2}} + x \right] = \varphi \left(\frac{y}{x} \right).$$

31. $\quad x + z \dfrac{dz}{dx} = mx, \quad y + z \dfrac{dz}{dy} = ny.$

On déduit de là

$$dz = \frac{(m-1)\,xdx}{z} + \frac{(m-1)\,ydy}{z},$$

et, en intégrant,

$$z^2 = (m-1)\,x^2 + (n-1)\,y^2 + C.$$

32. Prenons le point A pour pôle ; le rayon de courbure en un point quelconque a pour expression, au moyen des coordonnées polaires,

$$\rho = \frac{(r^2 + p^2)^{\frac{3}{2}}}{r^2 + 2p^2 - \dfrac{rp\,dp}{dr}},$$

en posant

$$\frac{dr}{d\theta} = p.$$

La condition du problème revient d'ailleurs à dire que la projection du rayon de courbure sur le rayon vecteur est à ce rayon vecteur dans un rapport constant. Il en résulte l'équation

$$p^2 - rp\,\frac{dp}{dr} + a\,(r^2 + p^2) = 0,$$

qui peut s'écrire

$$\frac{p\,(rdp - pdr)}{r^2 + p^2} = \frac{pr^2\,d\dfrac{p}{r}}{r^2 + p^2} = adr.$$

Elle devient

$$\frac{2\,udu}{1 + u^2} = 2\,a\,\frac{dr}{r},$$

en faisant

$$\frac{p}{r} = u;$$

par suite,
$$r^{2a} = b^2(1 + u^2),$$

et enfin
$$d\theta = \frac{b\,dr}{r\left(r^{2a} - b^2\right)^{\frac{1}{2}}}.$$

Cette dernière formule s'intègre (n° **266**) et donne
$$r^a \cos\frac{a}{b}(\theta - \omega) = b. \qquad (\textit{Voir } n° \textbf{448}.)$$

33. Ce problème se résout simplement en définissant la courbe, d'après Euler, par une équation entre le rayon de courbure ρ et l'angle φ que fait ce rayon avec une direction constante. Soit donc
$$\rho = \mathbf{F}(\varphi)$$
l'équation de la courbe, φ étant l'angle du rayon de courbure avec une droite donnée. Pour fixer les idées, nous supposerons que cette droite est l'axe des y. On voit sans peine qu'on a
$$ds = \rho\,d\varphi,$$

et comme
$$\frac{dy}{dx} = \tang\varphi,$$

$$dx = ds\left(1 + \frac{dy^2}{dx^2}\right)^{-\frac{1}{2}} = \rho\cos\varphi\,d\varphi,$$

$$dy = \rho\sin\varphi\,d\varphi.$$

Ces deux dernières équations feront connaître x et y en fonction de φ. D'ailleurs, si ρ_1 et φ_1 sont les coordonnées du point de la développée correspondant au point qui a ρ et φ pour coordonnées, on a
$$\varphi_1 = \varphi + \frac{\pi}{2},$$

d'où
$$d\varphi_1 = d\varphi;$$

et comme l'élément de la développée est égal à $d\rho$, on a aussi
$$d\rho = \rho_1\,d\varphi_1 = \rho_1\,d\varphi.$$

Si la développée est semblable à la courbe, n étant le rapport de similitude,

$$\rho_1 = n\rho,$$

et, par suite,

$$\frac{d\rho}{\rho} = nd\varphi, \qquad \rho = A\,e^{n\varphi}.$$

Si l'on porte cette valeur de ρ dans celles de dx et de dy, on obtient les équations intégrales

$$x - a = \frac{A\,e^{n\varphi}}{1 + n^2}\,(\sin\varphi + n\cos\varphi),$$

$$y - b = \frac{A\,e^{n\varphi}}{1 + n^2}\,(n\sin\varphi - \cos\varphi),$$

en appelant a et b deux constantes arbitraires. Faisons

$$[(x - a)^2 + (y - b)^2]^{\frac{1}{2}} = r,$$

$$\frac{y - b}{x - a} = \operatorname{tang}\theta, \qquad \frac{1}{n} = \operatorname{tang}\omega,$$

il viendra

$$r = \frac{A\,e^{n\varphi}}{1 + n^2} = A\cos\omega\,c^{\frac{\varphi}{\operatorname{tang}\omega}},$$

$$\operatorname{tang}\theta = \frac{\sin\varphi - \cos\varphi\,\operatorname{tang}\omega}{\sin\varphi\,\operatorname{tang}\omega + \cos\omega} = \operatorname{tang}(\varphi - \omega);$$

et, par conséquent,

$$\theta = \varphi - \omega, \qquad r = A\cos\omega\,c^{\frac{\theta - \omega}{\operatorname{tang}\omega}}.$$

Cette dernière équation est celle d'une spirale logarithmique dans laquelle le rayon vecteur fait avec la tangente l'angle ω.

34. On trouve

$$dy = (n^2\,K^2\,x^{2n-2} - 1)^{\frac{1}{2}}\,dx.$$

La cycloïde et la développée de la parabole sont des cas particuliers de la courbe cherchée.

35. Soit en général une courbe HK qui roule sur une

14.

droite $\mathrm{A}x$ située dans son plan ; pour trouver le lieu décrit par un point O de ce plan invariablement lié à la courbe, je la suppose rapportée à ce point comme pôle et à la droite quelconque OP comme axe polaire. La droite OP est aussi invariablement attachée à la courbe. Soient r et θ les coordonnées polaires du point M où la courbe touche l'axe des x, la relation qui les lie est exprimée par une équation

$$(1) \qquad\qquad F(r,\theta) = 0.$$

x et y étant les coordonnées du point o, on a aussi

$$(2) \qquad\qquad \tang \mathrm{MO}x = -\frac{dx}{dy} = \frac{r\,d\theta}{dr},$$

et

$$(3) \qquad\qquad \mathrm{OP} = y = r\,\frac{r\,d\theta}{(dr^2 + r^2\,d\theta^2)^{\frac{1}{2}}}.$$

Le lieu s'obtient en éliminant θ et r entre les équations (1), (2) et (3).

Appliquons ici ce calcul, il vient

$$dx = \left[\left(\frac{y}{a}\right)^{\frac{2m}{1-m}} - 1 \right]^{-\frac{1}{2}} dy.$$

Si $m = 1$, la courbe mobile est un cercle dont un point est situé au pôle ; on retrouve la cycloïde.

Pour $m = \dfrac{1}{2}$, la courbe mobile est une parabole qui a son foyer en O ; ce foyer décrit une chaînette.

Pour $m = 2$, le point O, centre d'une hyperbole équilatère, décrit une courbe dont l'équation différentielle

$$dx = \frac{y^2\,dy}{(a^4 - y^4)^{\frac{1}{2}}}$$

est celle d'une courbe élastique rectangulaire. (*Voir* n°s 407 et 452.)

36. Le plan normal au point x, y, z a pour équation

$$(\mathrm{X} - x)\,dx + (\mathrm{Y} - y)\,dy + (\mathrm{Z} - z)\,dz = 0,$$

et la distance de l'origine à ce plan est

$$\frac{x\,dx + y\,dy + z\,dz}{ds}.$$

L'origine étant le centre de la sphère donnée de rayon a, on a donc

$$a\,ds = x\,dx + y\,dy + z\,dz,$$

d'où

$$s = C + \frac{1}{2a}(x^2 + y^2 + z^2).$$

C. Q. F. D.

37. Soient $x_1, y_1, z_1, x_2, y_2, z_2, x_3, y_3, z_3$ les coordonnées des extrémités des diamètres par lesquelles on mène des plans tangents à l'ellipsoïde

$$\frac{x^2}{a^2} + \frac{y^2}{b^2} + \frac{z^2}{c^2} = 1.$$

Ces plans tangents ont pour équations

$$(1)\quad\begin{cases} \dfrac{xx_1}{a^2} + \dfrac{yy_1}{b^2} + \dfrac{zz_1}{c^2} = 1, \\[2mm] \dfrac{xx_2}{a^2} + \dfrac{yy_2}{b^2} + \dfrac{zz_2}{c^2} = 1, \\[2mm] \dfrac{xx_3}{a^2} + \dfrac{yy_3}{b^2} + \dfrac{zz_3}{c^2} = 1. \end{cases}$$

D'ailleurs, la ligne qui joint le centre au point (x, y, z) est la diagonale d'un parallélipipède dont les arêtes sont les trois demi-longueurs des diamètres considérés. La projection de cette diagonale sur un axe quelconque étant égale à la somme des projections des trois arêtes sur le même axe, on a

$$x = x_1 + x_2 + x_3, \quad y = y_1 + y_2 + y_3, \quad z = z_1 + z_2 + z_3;$$

et par suite, en ajoutant les équations (1),

$$\frac{x^2}{a^2} + \frac{y^2}{b^2} + \frac{z^2}{c^2} = 3.$$

i4..

58. L'ellipsoïde ayant pour équation

$$\frac{x^2}{a^2} + \frac{y^2}{b^2} + \frac{z^2}{c^2} = 1,$$

si on le coupe par le plan

$$lx + my + nz = 0,$$

les demi-axes principaux seront les racines de l'équation

$$\frac{a^2 l^2}{r^2 - a^2} + \frac{b^2 m^2}{r^2 - b^2} + \frac{c^2 n^2}{r^2 - c^2} = 0.$$

(*Voir* n° **148.**)

D'un autre côté x, y, z désignant les coordonnées de A ou de B, on voit sans peine qu'on a

$$x = lr, \quad y = mr, \quad z = nr.$$

L'équation de la surface est donc

$$\frac{a^2 x^2}{r^2 - a^2} + \frac{b^2 y^2}{r^2 - b^2} + \frac{c^2 z^2}{r^2 - c^2} = 0,$$

dans laquelle

$$r^2 = x^2 + y^2 + z^2. \qquad (\textit{Voir } n° \mathbf{191.})$$

59. Les deux sphères ont pour équation

$$x^2 + y^2 + z^2 = h^2, \quad (x - a)^2 + (y - b)^2 + (z - c)^2 = k^2.$$

L'équation d'un plan tangent à la première au point (x_1, y_1, z_1) sera

$$(1) \qquad x x_1 + y y_1 + z z_1 = h^2.$$

Pour exprimer que ce plan est aussi tangent à la seconde au point (x_2, y_2, z_2), on a les relations

$$x_1 x_2 + y_1 y_2 + z_1 z_2 = h^2,$$

$$\frac{x_2 - a}{x_1} = \frac{y_2 - b}{y_1} = \frac{z_2 - c}{z_1};$$

d'où l'on tire

$$\frac{x_2 - a}{x_1} = \frac{y_2 - b}{y_1} = \frac{z_2 - c}{z_1} = \pm \frac{k}{h} = \frac{h^2 - (a x_1 + b y_1 + c z_1)}{h^2};$$

par suite,

$$(2) \qquad ax_i + by_i + cz_i = h(h \pm k).$$

La question revient à trouver la surface enveloppe d'un plan dont l'équation est (1), les paramètres x_i, y_i, z_i devant satisfaire à l'équation

$$(3) \qquad x_i^2 + y_i^2 + z_i^2 = h^2,$$

et à la relation (2).

Différentiant les équations (1), (3), (2) par rapport aux paramètres, il vient

$$(4) \qquad x\,dx_i + y\,dy_i + z\,dz_i = 0,$$
$$(5) \qquad x_i\,dx_i + y_i\,dy_i + z_i\,dz_i = 0,$$
$$(6) \qquad a\,dx_i + b\,dy_i + c\,dz_i = 0.$$

Ajoutons entre elles ces dernières équations après avoir multiplié la première par λ et la seconde par μ, λ et μ étant deux indéterminées, puis égalons à zéro les multiplicateurs des différentielles; nous trouverons ainsi

$$\lambda x = \mu x_i + a, \quad \lambda y = \mu y_i + b, \quad \lambda z = \mu z_i + c.$$

Ces relations, multipliées respectivement par x, y, z et ajoutées, nous donneront

$$\lambda h^2 = \mu h^2 + h(h \pm k).$$

Tirant μ de là, nous obtenons, enfin eu égard à la symétrie des calculs,

$$\frac{x - x_i}{ha - (h \pm k)x_i} = \frac{y - y_i}{hb - (h \pm k)y_i} = \frac{z - z_i}{hc - (h \pm k)z_i}.$$

Ces trois rapports ont pour valeur commune

$$\frac{x^2 + y^2 + z^2 - h^2}{h(ax + by + cz) - (h \pm k)h^2},$$

et aussi

$$\frac{ax + bx + cz - h(h \pm k)}{h(a^2 + b^2 + c^2) - h(h \pm k)^2}.$$

Il en résulte l'équation

$$(x^2 + y^2 + z^2 - h^2)\,[a^2 + b^2 + c^2 - (h \pm k)^2]$$
$$= [ax + by + cz - h(h \pm k)]^2.$$

Elle représente deux cônes, comme on pouvait le prévoir.

40. L'équation du plan normal à la courbe au point (x, y, z) est la suivante :

$$(1) \qquad a^2(b^2 - c^2)\frac{X}{x} + b^2(c^2 - a^2)\frac{Y}{y} + c^2(a^2 - b^2)\frac{Z}{z} = 0,$$

x, y et z étant liées par les deux relations

$$(2) \qquad x^2 + y^2 + z^2 = r^2,$$

$$(3) \qquad \frac{x^2}{a^2} + \frac{y^2}{b^2} + \frac{z^2}{c^2} = 1.$$

Différentiant ces trois équations par rapport à x, y et z, nous aurons

$$(4) \quad a^2(b^2 - c^2)\frac{X}{x^2}\,dx + b^2(c^2 - a^2)\frac{Y}{y^2}\,dy + c^2(a^2 - b^2)\frac{Z}{z^2}\,dz = 0,$$

$$(5) \qquad x\,dx + y\,dy + z\,dz = 0,$$

$$(6) \qquad \frac{x\,dx}{a^2} + \frac{y\,dy}{b^2} + \frac{z\,dz}{c^2} = 0.$$

En faisant usage des indéterminées λ et μ comme dans le numéro précédent, on trouve

$$a^2(b^2 - c^2)\frac{X}{x^2} + \lambda x + \mu\frac{x}{a^2} = 0,$$

$$b^2(c^2 - a^2)\frac{Y}{y^2} + \lambda y + \mu\frac{y}{a^2} = 0,$$

$$c^2(a^2 - b^2)\frac{Z}{z^2} + \lambda z + \mu\frac{z}{a^2} = 0.$$

Multiplions respectivement par x, y, z ces dernières équations, et ajoutons les résultats, il vient

$$\lambda r^2 + \mu = 0\,;$$

et, par suite,

$$(7) \quad x^3 = \frac{a^4}{\lambda} \frac{b^2 - c^2}{r^2 - a^2} \, X, \quad y^3 = \frac{b^4}{\lambda} \frac{c^2 - a^2}{r^2 - b^2} \, Y, \quad z^3 = \frac{c^4}{\lambda} \frac{a^4 - b^2}{r^2 - c^2}.$$

D'ailleurs, de la combinaison des équations (2) et (3), on tire

$$x^2 \left(\frac{1}{a^2} - \frac{1}{r^2} \right) + y^2 \left(\frac{1}{b^2} - \frac{1}{r^2} \right) + z^2 \left(\frac{1}{c^2} - \frac{1}{r^2} \right) = 0;$$

par conséquent, en substituant à x, y, z leurs valeurs tirées des équations (7), on arrive à un résultat de la forme

$$\left(\frac{X}{A} \right)^{\frac{2}{3}} + \left(\frac{Y}{B} \right)^{\frac{2}{3}} + \left(\frac{Z}{C} \right)^{\frac{2}{3}} = 0.$$

Cette équation homogène par rapport aux variables représente une surface conique, résultat facile à prévoir puisque tous les plans normaux passent par le centre de la sphère.

41. Prenons le point fixe pour origine des coordonnées, et soient

$$f(x, y, z) = 0, \quad F(x, y, z) = 0,$$

les équations des deux surfaces. a, b, c, étant les coordonnées du point M, a', b', c', celles du point M', on a

$$(1) \qquad\qquad f(a, b, c) = 0,$$
$$(2) \qquad\qquad F(a', b', c') = 0.$$

D'ailleurs,

$$\cos MOH = \frac{OH}{OM} = \frac{aa' + bb' + cc'}{OM \cdot OM'},$$

et, par suite,

$$(3) \qquad\qquad aa' + bb' + cc' = k^2.$$

On trouve aussi

$$OH' = \frac{a' \dfrac{dF}{da'} + b' \dfrac{dF}{db'} + c' \dfrac{dF}{dc'}}{\left[\left(\dfrac{dF}{da'} \right)^2 + \left(\dfrac{dF}{db'} \right)^2 + \left(\dfrac{dF}{dc'} \right)^2 \right]^{\frac{1}{2}}}.$$

Or, si l'on considère a, b, c, a', b', c' comme variables dans les équations (1), (2), (3), il vient, en différentiant,

$$\frac{df}{da}\,da + \frac{df}{db}\,db + \frac{df}{dc}\,dc = 0,$$

$$\frac{dF}{da'}\,da' + \frac{dF}{db'}\,db' + \frac{dF}{dc'}\,dc' = 0,$$

$$a'\,da + b'\,db + c'\,dc + a\,da' + b\,db' + c\,dc' = 0.$$

Employons ici, comme dans le numéro qui précède, les multiplicateurs indéterminés λ et μ, il viendra

$$a' = \lambda\,\frac{df}{da}, \quad b' = \lambda\,\frac{df}{db}, \quad c' = \lambda\,\frac{df}{dc},$$

$$a = \mu\,\frac{dF}{da'}, \quad b = \mu\,\frac{dF}{db'}, \quad c = \mu\,\frac{dF}{dc'}.$$

Les trois dernières équations nous apprennent que les directions de OM et de OH$'$ coïncident. Elles nous permettent aussi de mettre OH$'$ sous la forme

$$\text{OH}' = \frac{\text{K}^2}{\text{OM}}, \quad \text{d'où} \quad \text{OM} \cdot \text{OH}' = k^2. \qquad \text{c. q. f. d.}$$

Les surfaces que nous venons de considérer ont été nommées *réciproques* par M. Mac Cullagh.

Il est facile de voir que la surface réciproque d'un ellipsoïde est un autre ellipsoïde.

42. Soient x_1, y_1, z_1 les coordonnées d'un point M de P$_1$; l'équation d'un plan tangent à P au point (x', y', z') et passant en M sera

$$\frac{xx'}{a^2} + \frac{yy'}{b^2} + \frac{zz'}{c^2} = 1,$$

avec les conditions

$$\frac{x'x_1}{a^2} + \frac{y'y_1}{b^2} + \frac{z'z_1}{c^2} = 1, \quad \frac{x'^2}{a^2} + \frac{y'^2}{b^2} + \frac{z'^2}{c^2} = 1.$$

Le cône qui a son sommet en M peut être considéré comme la surface enveloppe de ce plan.

Pour obtenir l'équation de cette surface, différentions les trois équations précédentes par rapport à x', y', z'; nous en déduirons

(1)
$$x = \lambda x' + \mu x_1,$$

(2)
$$y = \lambda y' + \mu y_1,$$

(3)
$$z = \lambda z' + \mu z_1,$$

λ et μ étant deux facteurs indéterminés.

Multipliant (1) par $\dfrac{x'}{a^2}$, (2) par $\dfrac{y'}{b^2}$, (3) par $\dfrac{z'}{c^2}$ et ajoutant, on trouve

(4)
$$1 = \lambda + \mu.$$

Multipliant de nouveau (1) par $\dfrac{x}{a^2}$, (2) par $\dfrac{y}{b^2}$, (3) par $\dfrac{z}{c^2}$ et ajoutant, il vient

(5)
$$A + 1 = \lambda + \mu(B + 1), \quad \text{ou} \quad A = \mu B,$$

en posant, pour abréger,

$$\frac{x^2}{a^2} + \frac{y^2}{b^2} + \frac{z^2}{c^2} - 1 = A, \qquad \frac{xx_1}{a^2} + \frac{yy_1}{b^2} + \frac{zz_1}{c^2} - 1 = B.$$

Multipliant enfin (1) par $\dfrac{x_1}{a^2}$, (2) par $\dfrac{y_1}{b^2}$, (3) par $\dfrac{z_1}{c^2}$ et faisant

$$\frac{x_1^2}{a^2} + \frac{y_1^2}{b^2} + \frac{z_1^2}{c^2} - 1 = A_1,$$

nous obtiendrons

(6)
$$B + 1 = \lambda + \mu(A_1 + 1), \quad \text{ou} \quad B = \mu A_1;$$

par suite,

$$AA_1 = B^2,$$

c'est-à-dire,

(7)
$$\left\{ \begin{aligned} &\left(\frac{x^2}{a^2} + \frac{y^2}{b^2} + \frac{z^2}{c^2} - 1\right)\left(\frac{x_1^2}{a^2} + \frac{y_1^2}{b^2} + \frac{z_1^2}{c^2} - 1\right) \\ &\qquad = \left(\frac{xx_1}{a^2} + \frac{yy_1}{b^2} + \frac{zz_1}{c^2} - 1\right)^2; \end{aligned} \right.$$

c'est l'équation du cône dont le sommet est en M.

Pour tout autre cône dont le sommet est sur la surface P_1, la quantité

$$\frac{x_1^2}{a^2} + \frac{y_1^2}{b^2} + \frac{z_1^2}{c^2} - 1$$

aura la même valeur, puisque P et P_1 sont concentriques, semblables et semblablement placés. Si donc on retranche l'équation (7) de l'équation du cône dont le sommet serait au point x_2, y_2, z_2, ce point étant sur P_1, on trouvera

$$\left(\frac{xx_1}{a^2} + \frac{yy_1}{b^2} + \frac{zz_1}{c^2} - 1\right)^2 - \left(\frac{xx_2}{a^2} + \frac{yy_2}{b^2} + \frac{zz_2}{c^2} - 1\right)^2 = 0.$$

Cette équation, à laquelle satisfont les coordonnées des points communs aux deux cônes, se décompose en deux équations du premier degré. C. Q. F. D.

Les plans qu'on obtient ainsi ont pour équations

$$x\,\frac{x_1 - x_2}{a^2} + y\,\frac{y_1 - y_2}{b^2} + z\,\frac{z_1 - z_2}{c^2} = 0,$$

$$x\,\frac{x_1 + x_2}{a^2} + y\,\frac{y_1 + y_2}{b^2} + z\,\frac{z_1 + z_2}{c^2} = 0.$$

La condition pour qu'ils se coupent à angle droit donnerait

$$\frac{x_1^2}{a^4} + \frac{y_1^2}{b^4} + \frac{z_1^2}{c^4} = \frac{x_2^2}{a^4} + \frac{y_2^2}{b^4} + \frac{z_2^2}{c^4}.$$

C'est-à-dire que les divers sommets doivent se trouver sur un troisième ellipsoïde, concentrique aux deux autres, semblablement placé, et dont les axes soient proportionnels aux carrés des axes de ceux-là.

PL. I.

Fig. 1.
Fig. 2.
Fig. 3.
Fig. 4.
Fig. 5.
Fig. 6.
Fig. 7.
Fig. 8.
Fig. 9.
Fig. 10.
Fig. 11.
Fig. 12.
Fig. 13.
Fig. 14.

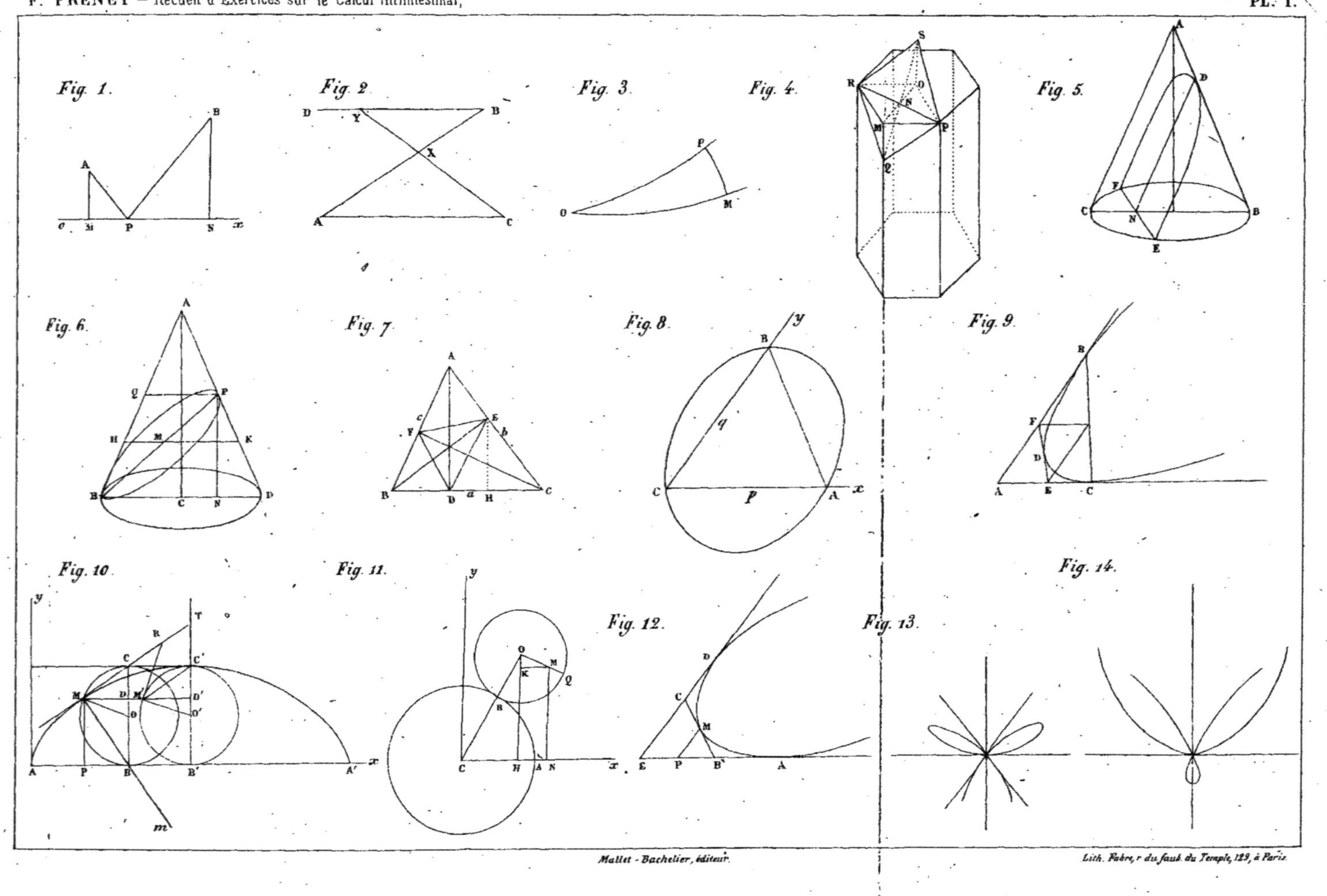

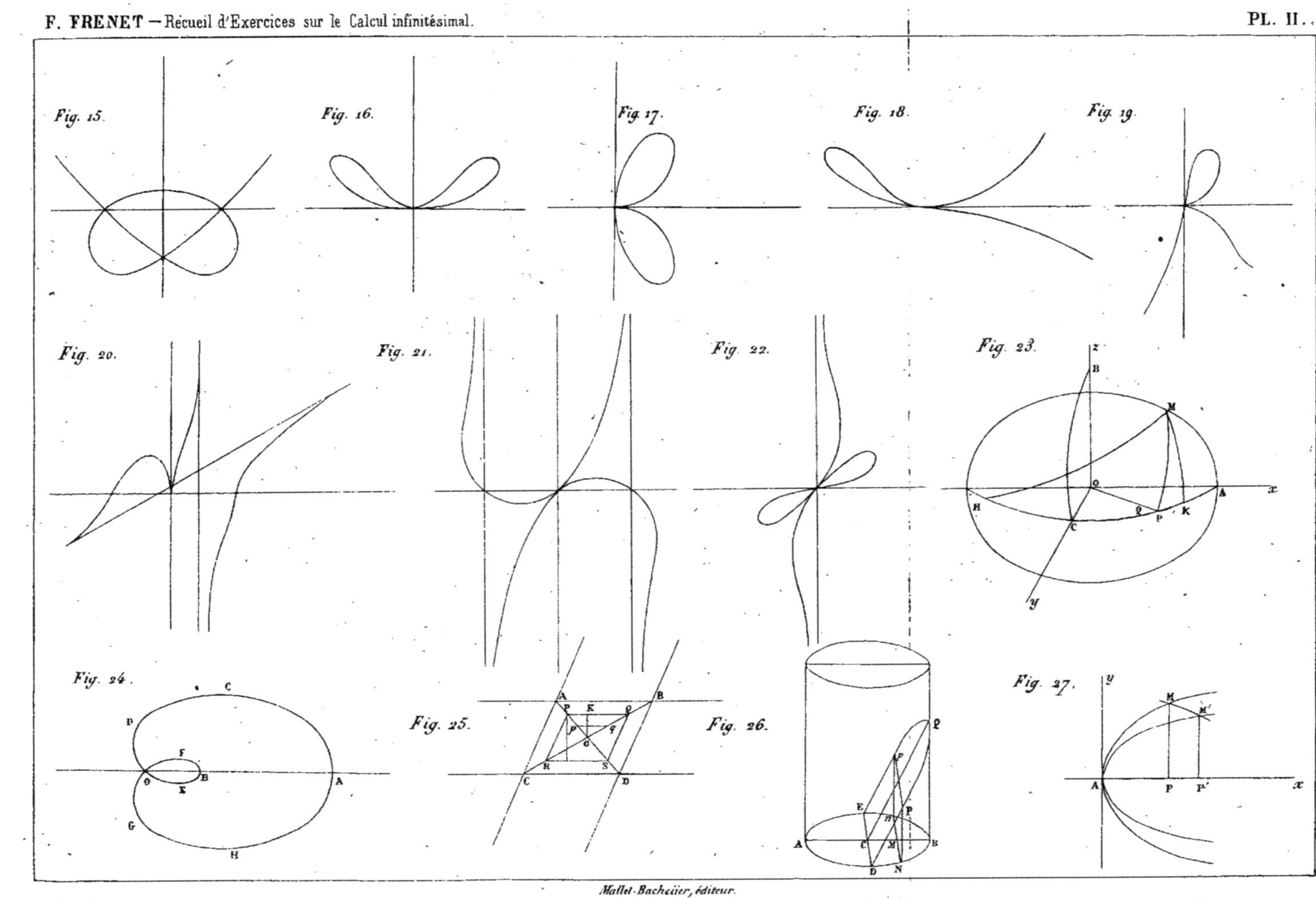
Fig. 15.
Fig. 16.
Fig. 17.
Fig. 18.
Fig. 19.
Fig. 20.
Fig. 21.
Fig. 22.
Fig. 23.
Fig. 24.
Fig. 25.
Fig. 26.
Fig. 27.

www.ingramcontent.com/pod-product-compliance
Ingram Content Group UK Ltd.
Pitfield, Milton Keynes, MK11 3LW, UK
UKHW022210120726
13694UKWH00002B/500